THE AGE OF
ROMANTICISM

THE AGE OF ROMANTICISM

By HENRY M. ROSENWALD
Providence College

LIVING GERMAN LITERATURE

Volume III

FREDERICK UNGAR PUBLISHING CO.
NEW YORK

Copyright 1959 by Frederick Ungar Publishing Co.

Printed in the United States of America

Library of Congress Catalog Card No. 54-37274

Preface

This volume is the third in the series, *Living German Literature,* which the late Dr. Robert Lohan began so successfully and promisingly. If I have achieved in the case of German Romanticism what Dr. Lohan did for the earlier periods of German literature, the bold hopes with which I began my work have been fulfilled.

The problems encountered in the preparation of this volume were in part such that Dr. Lohan's guidance could help in their solution, but in part they were also completely new and peculiar to the subject matter. The Age of Romanticism in German literature was a great age, but in several respects more so in its endeavor than in its accomplishments. To convey to the student a sense of this fact—which is both vital and tragic—is possibly the boldest goal a textbook-anthology can set for itself.

The selections included in this volume are intended to offer in the aggregate a fairly comprehensive survey of German literature in the Age of Romanticism. It is to be hoped, however, that the volume will prove its value not only to teachers of literature survey courses; it is also suitable as reading matter in straight language courses after the elements of German grammar have been mastered.

The notes and the visible vocabulary have been carefully worked out, with the assumption that the student has at his disposal, and knows how to consult, one of the standard smaller dictionaries of German and English. It has been my endeavor to supply all the help needed by the typical second- and third-year student, but I confess that I consider "too much" no less baneful in these matters than "too little." How well I have succeeded in steering a sound middle course will be decided by my fellow teachers and—more important—by the students themselves. They have, by rights, the last word.

I have been assisted in my work by George E. Boyd. The publisher, Mr. Frederick Ungar, and members of his staff have been indefatigable in their readiness to help and advise in any area I suggested for consultation.

HENRY M. ROSENWALD

Providence, R. I.

INHALT

EINLEITUNG 9

VORLÄUFER DER ROMANTIK 13

Jean Paul: Die Flegeljahre — Die Neujahrsnacht eines Unglücklichen — Die Zeit — Denkrede auf Jean Paul (*Ludwig Börne*)

Friedrich Hölderlin: An die Parzen — Hyperions Schicksalslied — Hälfte des Lebens

DIE ÄLTERE (JENAER) ROMANTIK 27

August Wilhelm Schlegel: Vorlesungen über dramatische Kunst und Literatur

Friedrich Schlegel: Athenäums-Fragment 116 — Grundzüge der gotischen Baukunst

Ludwig Tieck: Der blonde Eckbert

Wilhelm Heinrich Wackenroder: Herzensergießungen eines kunstliebenden Klosterbruders

Friedrich von Hardenberg: Sehnsucht nach dem Tode — Seligkeit in Jesu — Wenn alle untreu werden — Maria — Heinrich von Ofterdingen

DIE MITTLERE (HEIDELBERGER) ROMANTIK . . . 72

Clemens Maria Brentano: Die Geschichte vom braven Kasperl und der schönen Annerl — Der Spinnerin Lied — Frühlingsschrei eines Knechtes aus der Tiefe

Achim von Arnim: Des Knaben Wunderhorn (*Arnim und Brentano*) — Die zerbrochene Postkutsche

Jakob und Wilhelm Grimm: Kinder- und Hausmärchen

Inhalt

DICHTER DER BEFREIUNGSKRIEGE 91

Ernst Moritz Arndt: Die Liebe zum Vaterland

Theodor Körner: Brief an seinen Vater — Gebet während der Schlacht

DIE JÜNGERE (BERLINER) ROMANTIK 98

Adelbert von Chamisso: Peter Schemihls wundersame Geschichte

Joseph Freiherr von Eichendorff: Aus dem Leben eines Taugenichts — Das zerbrochene Ringlein — Mondnacht — Im Walde — Lorelei — Der Abend — Nachts — Greisenlied — Morgengebet

Friedrich de la Motte-Fouqué: Undine

E. T. A. Hoffmann: Rat Krespel

Friedrich Rückert: Die Weisheit des Brahmanen

DIE SCHWÄBISCHEN DICHTER 139

Ludwig Uhland: Der gute Kamerad — Des Knaben Berglied — Einkehr — Frühlingsglaube — Auf den Tod eines Kindes — Schäfers Sonntagslied — Bertran de Born

Eduard Mörike: Er ist's — Das verlassene Mägdlein — Verborgenheit — Gebet — Septembermorgen — Denk' es, o Seele — Um Mitternacht — Mozart auf der Reise nach Prag

Wilhelm Hauff: Die Geschichte von dem kleinen Muck

(Der Österreicher) *Nikolaus Lenau:* Bitte — Winternacht — Der Postillon — Die drei Zigeuner — Schilflied — An die Entfernte

INDEX 185

Einleitung

1. Was bedeutet das Wort „romantisch"?

Der Ausdruck „romantisch"[1] bedeutete ursprünglich so viel wie „im Roman vorkommend." Da in dieser Dichtungsart Abenteuer oft den wesentlichen Inhalt darstellen, nahm das Wort die Bedeutung „abenteuerlich, ungewöhnlich, phantastisch" an. Das Wort „Roman" selber geht auf das lateinische *„romanice"* zurück, welches eigentlich nur „in romanischer Sprache[2] abgefaßt" bedeutete. Meistens hob man jedoch so den Gegensatz zur lateinischen Sprache und zur Art des klassischen Altertums und der kirchlichen Scholastik hervor, und so erhielt sich auch im Ausdruck „romantisch" die weitere Bedeutung „volksmäßig, heimatlich, zur eigenen Überlieferung gehörig."

Als sich in der zweiten Hälfte des achtzehnten Jahrhunderts eine Geisteshaltung[3] herausbildete, die dem herrschenden Vernunftglauben der Zeit kritisch gegenüberstand und die in ihrer künstlerischen Erscheinungsform an religiöses mittelalterliches Kulturgut[4] anknüpfte, da schien das Wort „romantisch" zu ihrer Bezeichnung wie geschaffen.

2. Was ist das Wesen der deutschen Romantik?

Wenn es Sitte geworden ist, die Epoche von 1800–1830 in der deutschen Literatur- und Geistesgeschichte[5] als die Romantik zu bezeichnen, so kann das nach dem oben Gesagten unmöglich bedeuten, daß es zu anderen Zeiten und in anderen Ländern nichts Romantisches gegeben hätte. Romantische Züge lassen sich fast zu allen Zeiten und fast allerorten nachweisen, im „Nibelungenlied" wie im „Hamlet", in den Dramen des Euripides wie

---

[1] The word was borrowed from French and is ultimately a derivative of *romant* (now *roman*, 'a novel').
[2] romance language
[3] philosophical attitude, intellectual outlook
[4] cultural values, cultural tradition
[5] history of ideas

in der japanischen Lyrik. Immerhin war in den Jahren von 1800–1830 die romantische Denk- und Empfindungsweise in Deutschland vorherrschend, und zwar nicht nur in der Literatur sondern auch in der Musik und den bildenden Künsten, in Philosophie und Wissenschaft.

Der sehnsüchtige Blick des Romantikers schweift in die Ferne, in ein goldenes Zeitalter der Zukunft, oder er wendet sich einer schöneren Vergangenheit, und so der liebevollen Pflege heimischer Geschichte und Kunst zu.

Die romantische Sehnsucht ist indes zugleich anders und mehr als die Sehnsucht, der wir für gewöhnlich in jeder Lyrik begegnen. Die romantische Sehnsucht strebt nach der höchsten menschlichen Vervollkommnung. Sie ist — in den Worten des Philosophen Johann Gottlieb Fichte (1762–1814) — die Voraussetzung aller Erkenntnis und aller Sittlichkeit. Sie beflügelt die dichterische Phantasie und führt zur Flucht aus der Gegenwart in die Märchen- und Traumwelt des Orients und des christlichen Mittelalters.

3. Inwiefern ist die Romantik eine Reaktion gegen die Aufklärung?

Gegen Ende des achtzehnten Jahrhunderts war das Geistesleben von den Ideen der Aufklärung beherrscht, die alle Geheimnisse der Schöpfung für rein verstandesmäßig[6] erklärbar hielt. Es war die Abneigung gegen diese Geisteshaltung, die der Romantik einen starken Auftrieb[7] gab.

4. Wie stehen die Romantiker zur Klassik?

Geistesgeschichtlich knüpft die Romantik an die Sturm- und Drangzeit an. Sie betrachtete Goethes Roman „Wilhelm Meisters Lehrjahre" als den Gipfelpunkt der Poesie. Der Held der Erzählung, der sich aus der nüchternen Wirklichkeit in die Welt der Kunst flüchtet, das freie, abenteuerliche Leben der Schauspieler, die die Phantasie entflammende Gestalt der Mignon — und nicht

---

[6] in accordance with, on the basis of, reason
[7] buoyancy; impetus

zuletzt die lockere, durch keine strenge Bindung beengte Form des Romans — dies alles entsprach nur zu sehr den Kunstidealen der Romantiker. Dies bezeugt auch Novalis mit dem Ausspruch: „Goethe ist der wahre Statthalter des romantischen Geistes auf Erden".

Die Romantiker wandten sich jedoch gegen den auf die Sturm- und Drangzeit folgenden Klassizismus von Weimar. Während dieser nach dem griechischen Schönheitsideal strebt, pflegt die Romantik die nationale Eigenart und Kunst. Und während das klassische Schönheitsideal Goethes und Schillers die harmonische Darstellung edler Einfalt und stiller Größe[8] anstrebt, gründet sich die Romantik auf das freie Spiel der Phantasie, wie Tieck sie besingt:

> Mondbeglänzte Zaubernacht,
> Die den Sinn gefangen hält,
> Wundervolle Märchenwelt,
> Steig' auf in der alten Pracht.

5. Was ist die Eigenart des romantischen Stils?

Einen einheitlichen romantischen Stil gibt es nicht. Die Romantiker haben in deutschen und ausländischen Dichtern, in Goethe, Calderon, Shakespeare und Cervantes ihre Vorbilder gefunden, und auch im deutschen Volkslied.

6. Welche Dichtungsgattung hat die Romantik bevorzugt?

Im Gegensatz zu den Klassikern, die in ihrem Streben nach Klarheit und plastischer Gestaltung mit Vorliebe das streng gebaute Drama als Ausdrucksform für ihre Gedanken und Gefühle wählten, bevorzugten die Romantiker, im Einklang mit der Betonung des Gefühlsmäßigen, die Lyrik, die Novelle[9] und das Märchen.

---

[8] The restrictive conception of Greek art as ideally tending to achieve "noble simplicity and calm grandeur" was formulated in these terms by Johann Joachim Winckelmann (1717–1768).

[9] novelette. The German *Novelle* (like the Italian *novella* from which it stems) is a short tale, not a novel. The German word for novel is always *Roman*.

7. Welche Auswirkung hatte die Romantik auf andere Gebiete des Geisteslebens?

Auch in der bildenden Kunst entnahmen die Romantiker ihre Stoffe der deutschen Märchenwelt, der Geschichte und dem Kleinstadtleben, wie die Maler Moritz von Schwind, Ludwig Richter und Karl Spitzweg.

Von romantischer Empfindungsweise erfüllt sind auch die Werke der deutschen Komponisten Carl Maria von Weber, Franz Schubert, Felix Mendelssohn-Bartholdy, Robert Schumann und, nicht zuletzt, Ludwig van Beethoven. Das Kunstlied ist eine typisch romantische Musikform. Die ihm zu Gunde liegenden Texte stammen auch sehr oft von Dichtern der Romantik.

Vorläufer der Romantik

JEAN PAUL (1763–1825)
FRIEDRICH HÖLDERLIN (1770–1843)

Um die Wende des neunzehnten Jahrhunderts begegnen wir zwei völlig eigenartigen und grundverschiedenen Dichtern, die dennoch beide — jeder auf seine Art — als Vorläufer der Romantik angesehen werden müssen: Jean Paul Friedrich Richter (der sich als Schriftsteller Jean Paul nannte) und Friedrich Hölderlin.

Jean Paul studierte in Leipzig Theologie, ernährte sich schlecht und recht[1] als Hauslehrer, und wählte schließlich Bayreuth als seinen ständigen Wohnsitz.

Er war zu Lebzeiten sehr gefeiert, besonders von den Frauen, und mehrere seiner Romane wurden von Thomas Carlyle ins Englische übersetzt. Heute werden seine Bücher nicht mehr viel gelesen, wenn auch sehr zu Unrecht. Zwar muß man sich erst in die Welt dieses seltsam zerfahrenen Dichters hineinlesen, doch wenn dies einmal geschehen ist, so kehrt man immer wieder gern zu den Geschöpfen seiner barocken Phantasie zurück. Jean Pauls Dichtungen sind voll von lyrischem Gefühl, Ironie und einem Humor, der die absonderlichsten Gestalten und ungewöhnlichsten Situationen erfindet.

Im „Leben des vergnügten Schulmeisterlein Maria Wuz" malt der Dichter das ihm so vertraute kleinbürgerliche Leben, das er mit seinem gütigen Humor erhellt. Eines seiner letzten und größten Werke, welches nie fertig geschrieben wurde, ist **„Die Flegeljahre, eine Biographie"**. Aus dem ersten Kapitel folgt hier ein Abschnitt:

Die Testaments-Eröffnung

Solange Haslau eine Residenz ist, wußte man sich nicht zu erinnern, daß man darin auf etwas mit solcher Neugier gewartet hätte — die Geburt des Erbprinzen ausgenommen — als auf die

---

[1] plainly and honestly; *sich schlecht und recht ernähren* to make a scanty living

Eröffnung des Van der Kabelschen² Testaments. — Van der Kabel konnte der Haslauer Krösus³ — und sein Leben eine Münzbelustigung⁴ heißen oder eine Goldwäsche unter einem goldenen Regen, oder wie sonst der Witz wollte. Sieben noch lebende weitläufige Anverwandte von sieben verstorbenen weitläufigen Anverwandten Kabels machten sich zwar einige Hoffnung auf Plätze im Vermächtnis, weil der Krösus ihnen geschworen, ihrer da zu gedenken; aber die Hoffnungen blieben zu matt, weil man ihm nicht sonderlich trauen wollte...

Zwischen zwei Schlagflüssen hatt' er sein Testament aufgesetzt und dem Magistrate anvertraut. Noch als er den Depositionsschein⁵ den sieben Präsumtiv-Erben⁶ halbsterbend übergab, sagt' er mit altem Tone, er wolle nicht hoffen, daß dieses Zeichen seines Ablebens gesetzte Männer niederschlage, die er sich viel lieber als lachende Erben denke, denn als weinende...

Endlich erschienen die sieben Erben mit ihrem Depositionsschein auf dem Rathause, namentlich der Kirchenrat Glanz, der Polizei-Inspektor Harprecht, der Hofagent Neupeter, der Hoffiskal⁷ Knoll, der Buchhändler Pasvogel, der Frühprediger Flachs und Flitte aus Elsaß. Sie drangen bei dem Magistrate auf die vom seligen Kabel insinuierte⁸ Charte⁹ und die Öffnung des Testaments ordentlich und geziemend. Der Oberexekutor des letzteren war der regierende Bürgermeister selbst, die Unterexekutoren der restierende Stadtrat.¹⁰ Sofort wurden Charte und Testament aus der Ratkammer vorgeholt in die Ratstube, sämtlichen Rat- und Erbherren herumgezeigt, damit sie das darauf gedruckte Stadtsekret¹¹ besähen, die auf die Charte geschriebene Insinuationsregistratur¹² vom Stadtschreiber den sieben Erben laut vorgelesen und ihnen dadurch bekannt gemacht, daß der Selige die

² of Van der Kabel (proper name)
³ Croesus (the fabulously wealthy king of Lydia in the 6th century B.C., whose name has come to stand for "a very rich man")
⁴ festival of coins. This whimsical coinage is characteristic of Jean Paul's humor. So is the following *Goldwäsche*.
⁵ certificate of registration
⁶ heirs presumptive
⁷ court fiscal: a high-ranking treasury official
⁸ filed
⁹ deed
¹⁰ the remaining members of the town council
¹¹ municipal seal
¹² file number (and identification)

Charte dem Magistrate wirklich insinuiert und *scrinio rei publicae*[13] anvertraut, und daß er am Tage der Insinuation noch vernünftig gewesen — endlich wurden die sieben Siegel, die er selber daraufgesetzt, ganz befunden. Jetzt konnte das Testament in Gottes Namen aufgemacht und vom regierenden Bürgermeister so vorgelesen werden, wie folgt:

„Ich, Van der Kabel, testiere 179* den 7. Mai hier in meinem Hause in Haslau in der Hundgasse ohne viele Millionen Worte, ob ich gleich ein deutscher Notarius und ein holländischer Domine[14] gewesen. Doch glaub' ich, werd' ich in der Notariatkunst noch so zu Hause sein, daß ich als ordentlicher Testator und Erblasser auftreten kann.

„Testatoren stellen die bewegenden Ursachen ihrer Testamente voran. Diese sind bei mir, wie gewöhnlich, der selige Hintritt und die Verlassenschaft, welche von vielen gewünscht wird...

„Die milden Gestifte,[15] nach denen Notarien[16] zu fragen haben, mach' ich so, daß ich für dreitausend hiesige Stadtarme jeder Stände ebensoviele leichte Gulden aussetze, wofür sie an meinem Todestage im künftigen Jahre auf der Gemeinhut,[17] wenn nicht gerade das Revue-Lager dasteht, ihres aufschlagen und beziehen,[18] das Geld froh verspeisen und dann in die Zelte sich kleiden können. Auch vermach' ich allen Schulmeistern unseres Fürstentums dem Mann[19] einen Augustdor,[20] sowie hiesiger Judenschaft meinen Kirchenstand in der Hofkirche. Da ich mein Testament in Klauseln eingeteilt haben will, so ist diese die erste.

Zweite Klausel.

„Allgemein wird Erbsatzung und Enterbung[21] unter die wesentlichsten Testamentstücke gezählt. Demzufolge vermach' ich denn dem Herrn Kirchenrat Glanz, dem Herrn Hoffiskal Knoll,

---

[13] to the archives of public records
[14] Dutch domine
[15] = *Stiftungen*; (pious) bequests
[16] notaries
[17] on the common (i.e., common pasture)
[18] set up and occupy theirs (i.e., *Lager*)
[19] to each man
[20] A gold coin; cf. louis d'or.
[21] declaring and cutting off heirs

dem Herrn Hofagent Peter Neupeter, dem Herrn Polizei-Inspektor Harprecht, dem Herrn Frühprediger Flachs und dem Herrn Hofbuchhändler Pasvogel und Herrn Flitten vorderhand nichts..."

Sieben lange Gesichtslängen fuhren hier wie Siebenschläfer auf. Am meisten fand sich der Kirchenrat, ein noch junger, aber durch gesprochene und gedruckte Kanzelreden in ganz Deutschland berühmter Mann, durch solche Stiche beleidigt — dem Elsässer Flitte entging im Sessionszimmer ein leicht geschnalzter Fluch — Flachsen, dem Frühprediger, wuchs das Kinn zu einem Barte abwärts — mehrere leise Stoßnachrufe[22] an den seligen Kabel, mit Namen Schubjack,[23] Narr, Unchrist usw., konnte der Stadtrat hören. Aber der regierende Bürgermeister Kuhnold winkte mit der Hand, der Hoffiskal und der Buchhändler spannten alle Spring- und Schlagfedern an ihren Gesichtern wie an Fallen[24] wieder an, und jener las fort, obwohl mit gezwungenem Ernste.

Dritte Klausel.

„Ausgenommen gegenwärtiges Haus in der Hundgasse, als welches[25] nach dieser meiner dritten Klausel ganz so, wie es steht und geht, demjenigen von meinen sieben genannten Herren Anverwandten anfallen und zugehören soll, welcher in einer halben Stunde (von der Verlesung der Klausel an gerechnet) früher als die übrigen sechs Nebenbuhler eine oder ein paar Tränen über mich, seinen dahingegangenen Onkel, vergießen kann, vor einem löblichen Magistrate, der es protokolliert. Bleibt aber alles trocken, so muß das Haus gleichfalls dem Universalerben verfallen, den ich sogleich nennen werde."

Hier machte der Bürgermeister das Testament zu, merkte an, die Bedingung sei wohl ungewöhnlich, aber doch nicht gesetzwidrig, sondern das Gericht müsse dem ersten, der weine, das Haus zusprechen, legte seine Uhr auf den Sessionstisch, welche auf 11½ Uhr zeigte, und setzte sich ruhig nieder, um als Testamentsvollstrecker, so gut wie das ganze Gericht, aufzumerken, wer zuerst die begehrten Tränen über den Testator vergösse.

[22] A bold coinage after *Stoßseufzer* 'a pious ejaculation,' with *Nachruf* 'obituary' taken literally as 'a calling after a person who departs'.
[23] niggard; scoundrel
[24] as though they were springtraps
[25] *als welches = welches*

— Daß es, solange die Erde geht und steht, je auf ihr einen betrübteren und krauseren Kongreß gegeben als diesen, kann wohl ohne Parteilichkeit nicht angenommen werden...

An reine Rührung konnte — das sah jeder — keiner denken; doch konnte in 26 Minuten etwas geschehen.

Der Kaufmann Neupeter fragte: ob das nicht ein verfluchter Handel und Narrensposse sei für einen verständigen Mann, und verstand sich zu nichts; doch verspürt' er bei dem Gedanken, daß ihm ein Haus auf einer Zähre in den Beutel schwimmen könnte, sonderbaren Drüsenreiz und sah wie eine kranke Lerche aus, die man mit einem eingeölten Stecknadelknopfe — das Haus war der Knopf — klistiert.[26]

Der Hoffiskal Knoll verzog sein Gesicht wie ein armer Handwerksmann, den ein Gesell Sonnabendabends bei einem Schusterlicht rasiert und radiert; er war fürchterlich erbost auf den Mißbrauch des Titels von Testamenten und nahe genug an Tränen des Grimms.

Der listige Buchhändler Pasvogel machte sich sogleich still an die Sache selber und durchging flüchtig alles Rührende, was er teils im Verlage hatte, teils in Kommission[27]; und hoffte etwas zu brauen; noch sah er dabei aus wie ein Hund, der das Brechmittel, das ihm der Hundarzt auf die Nase gestrichen, langsam ableckt; es war durchaus Zeit erforderlich zum Effekt.

Flitte aus Elsaß tanzte gradezu im Sessionszimmer, besah lachend alle Ernste und schwur, er sei nicht der Reichste unter ihnen, aber, für ganz Straßburg und Elsaß, dazu wär' er nicht imstande, bei einem solchen Spaß zu weinen...

Der Inspektor Harprecht, bekannt mit seinem dephlegmierten[28] Herzen, suchte dadurch etwas Passendes in die Augen zu treiben, daß er mit ihnen sehr starr und weit offen blickte.

Der Frühprediger Flachs sah aus wie ein reitender Betteljude, mit welchem ein Hengst durchgeht; indes hätt' er mit seinem Herzen, das durch Haus und Kirchenjammer schon die besten schwülsten Wolken um sich hatte, leicht wie eine Sonne vor elendem Wetter auf der Stelle das nötigste Wasser aufge-

[26] to which an enema is being administered by means of...
[27] on consignment
[28] dephlegmated. In old chemistry, dephlegmation was the removal of excess liquid.

zogen, wär' ihm nur nicht das herschiffende Flößhaus immer dazwischen gekommen als ein gar zu erfreulicher Anblick und Damm.

Der Kirchenrat, der seine Natur kannte aus Neujahrs- und Leichenpredigten, und der gewiß wußte, daß er sich selber zuerst erweiche, sobald er nur an andere Erweichungsreden halte, stand auf und sagte mit Würde, jeder, der seine gedruckten Werke gelesen, wisse gewiß, daß er ein Herz im Busen trage, das so heilige Zeichen, wie Tränen sind, eher zurückzudrängen als mühsam hervorzureizen nötig habe aus Nebenabsichten. — „Dies Herz hat sie schon vergossen, aber heimlich, denn Kabel war ja mein Freund", sagt' er und sah umher.

Mit Vergnügen bemerkte er, daß alle noch so trocken dasaßen wie Korkhölzer; besonders jetzt konnten Krokodile, Hirsche, Elefanten, Hexen, Reben leichter weinen als die Erben, von Glanzen[29] so gestört und grimmig gemacht. Bloß Flachsen schlug's heimlich zu[30]; dieser hielt sich Kabels Wohltaten und die schlechten Röcke und grauen Haare seiner Zuhörerinnen des Frühgottesdienstes, den Lazarus mit seinen Hunden und seinen eigenen langen Sarg in der Eile vor, ferner das Köpfen so mancher Menschen, Werthers Leiden, ein kleines Schlachtfeld und sich selber, wie er sich da so erbärmlich um den Testamentsartikel in seinen jungen Jahren abquäle und abringe — noch drei Stöße hatt' er zu tun mit dem Pumpenstiefel,[31] so hatte er sein Wasser und Haus.

„O, Kabel, mein Kabel" — fuhr Glanz fort, fast vor Freude über nahe Tränentränen weinend — „einst, wenn neben deine mit Erde bedeckte Brust voll Liebe auch die meinige zum Vermod[32] — —"

„Ich glaube, meine verehrtesten Herren" — sagte Flachs, betrübt aufstehend und überfließend umhersehend — „ich weine" — setzte sich darauf nieder und ließ es vergnügter laufen; er war nun auf dem Trocknen; vor den Akzessitaugen[33] hatt' er Glanzen

---

[29] Inflected form of the proper name Glanz.
[30] Perhaps: felt secretly that things were going his way.
[31] pump barrel; here erroneously for *Pumpenstiel* 'pump handle'
[32] = *Vermodern*; to go the way of all fl- (the sentence is interrupted by Flachs)
[33] An accessit was formerly a distinction awarded to one who has come nearest to a prize. The *Akzessitaugen* are the 'honorable-mention eyes' of Glanz.

das Preishaus weggefischt, den jetzt seine Anstrengung ungemein verdroß, weil er sich ohne Nutzen den halben Appetit weggesprochen hatte. Die Rührung Flachsens wurde zu Protokoll gebracht[34] und ihm das Haus in der Hundsgasse auf immer zugeschlagen. Der Bürgermeister gönnt' es dem armen Teufel von Herzen; es war das erstemal im Fürstentum Haslau, daß Schul- und Kirchenlehrerstränen sich, nicht wie die der Heliaden[35] in leichten Bernstein, der ein Insekt einschließet, sondern, wie die der Göttin Freia,[36] in Gold verwandelten. Glanz gratulierte Flachsen sehr und machte ihm froh bemerklich, vielleicht hab' er selber ihn rühren helfen. Die übrigen trennten sich, durch ihre Scheidung auf dem trockenen Weg, von der Flachsischen auf dem nassen sichtbar,[37] blieben aber noch auf das restierende Testament erpicht.

Nun wurd' es weiter verlesen...

Von Jean Pauls kleineren Erzählungen ist die folgende besonders charakteristisch:

Die Neujahrsnacht eines Unglücklichen

Ein alter Mann stand in der Neujahrsmitternacht am Fenster und schaute mit dem Blicke einer bangen Verzweiflung auf zum unbeweglichen, ewig blühenden Himmel und herab auf die stille, reine, weiße Erde, worauf jetzt niemand so freuden- und schlaflos war, als er. Denn sein Grab stand nahe bei ihm; es war bloß vom Schnee des Alters, nicht vom Grün der Jugend verdeckt, und er brachte aus dem ganzen reichen Leben nichts mit als Irrtümer, Sünden und Krankheiten, einen verheerten Körper, eine verödete Seele, die Brust voll Gift und ein Alter voll Reue. Seine schönen Jugendtage wandten sich heute als Gespenster um und zogen ihn wieder vor den holden Morgen hin, wo ihn sein Vater zuerst auf

[34] was recorded in due legal form
[35] Daughters of Helios, who were transformed into poplars and their tears into amber as punishment for having harnassed Phaeton's horses for his fatal ride.
[36] Freya: in Norse religion, the goddess of love and beauty.
[37] Again a whimsical use of metaphors drawn from old chemistry: The others were visibly separated by their dry distillation from Flachs's wet distillation.

den Scheideweg des Lebens gestellt hatte, der rechts auf der Sonnenbahn der Tugend in ein weites, ruhiges Land voll Licht und Ernten und voll Engel bringt, und welcher links in die Maulwurfsgänge des Lasters hinabzieht, in eine schwarze Höhle voll herunter tropfenden Giftes, voll zielender Schlangen und finsterer schwüler Dämpfe.

Ach, die Schlangen hingen um seine Brust und die Gifttropfen auf seiner Zunge, und er wußte nun, wo er war.

Sinnlos und mit unaussprechlichem Grame rief er zum Himmel hinauf: Gib mir die Jugend wieder! O Vater, stelle mich auf den Scheideweg wieder, damit ich anders wähle.

Aber sein Vater und seine Jugend waren längst dahin. Er sah Irrlichter auf Sümpfen tanzen und auf dem Gottesacker erlöschen, und er sagte: Es sind meine törichten Tage! — Er sah einen Stern aus dem Himmel fliehen und im Falle schimmern und auf der Erde zerrinnen. Das bin ich, sagte sein blutendes Herz; und die Schlangenzähne der Reue gruben darin in den Wunden weiter.

Die lodernde Phantasie zeigte ihm fliehende Nachtwandler auf den Dächern, und die Windmühle hob drohend ihre Arme zum Zerschlagen auf, und eine im leeren Totenhause zurückgebliebene Larve[38] nahm allmählich seine Züge an.

Mitten in dem Kampf floß plötzlich die Musik für das Neujahr vom Turme hernieder, wie ferner Kirchengesang. Er wurde sanfter bewegt. — Er schaute um den Horizont herum und über die weite Erde, und er dachte an seine Jugendfreunde, die nun, glücklicher und besser als er, Lehrer der Erde, Väter glücklicher Kinder und gesegneter Menschen waren, und er sagte: O, ich könnte auch, wie ihr, diese erste Nacht mit trockenen Augen verschlummern, wenn ich gewollt hätte! — Ach, ich könnte glücklich sein, ihr teuern Eltern, wenn ich eure Neujahrswünsche und Lehren erfüllt hätte!

Im fieberhaften Erinnern an seine Jünglingszeit kam es ihm vor, als richte sich die Larve mit seinen Zügen im Totenhause auf; endlich wurde sie durch den Aberglauben, der in der Neujahrsnacht Geister der Zukunft erblickt, zu einem lebendigen Jünglinge.

Er konnte es nicht mehr sehen; — er verhüllte das Auge; tausend heiße Tränen strömten versiegend in den Schnee; — er

---

[38] specter

seufzte nur noch leise, trostlos und sinnlos: Komm' nur wieder, Jugend, komm' wieder!

— — Und sie kam wieder; denn er hatte nur in der Neujahrsnacht so fürchterlich geträumt. Er war noch ein Jüngling; nur seine Verirrungen waren kein Traum gewesen. Aber er dankte Gott, daß er, noch jung, in den schmutzigen Gängen des Lasters umkehren und sich auf die Sonnenbahn zurückbegeben konnte, die ins reiche Land der Ernten leitet.

Kehre mit ihm, junger Leser, um, wenn du auf seinem Irrwege stehst! Dieser schreckende Traum wird künftig dein Richter werden; aber wenn du einst jammervoll rufen würdest: komme wieder, schöne Jugend — so würde sie nicht wieder kommen.

Jean Paul war auch als pädagogischer Schriftsteller bedeutend. Einer seiner Sprüche lautet:

Die Zeit

Wenn du das Leben liebst, so verschwende die Zeit nicht, denn aus Zeit besteht das Leben. Wie viel mehr Zeit, als nötig ist, verschwenden wir nicht durch den Schlaf, und vergessen immer, daß ein schlafender Fuchs kein Huhn fängt. Wenn die Zeit von allen Dingen das kostbarste ist, so ist das Zeitverderben die allerschändlichste Verschwendung; denn verlorene Zeit findet man niemals wieder; und was wir nennen „Zeit genug", heißt verdolmetscht „zu wenig". So lasset uns denn früh auf sein und arbeiten, und das arbeiten, was wir zu tun haben, so werden wir mehr tun und alles besser machen.

In seiner „Denkrede auf Jean Paul" hat der Journalist und politische Schriftsteller Ludwig Börne (1786–1837) das folgende Bild von dessen dichterischer Persönlichkeit entworfen:[39]

[39] This memorial oration was delivered at Frankfurt am Main on December 2, 1825.

Denkrede auf Jean Paul

Ein Stern ist untergegangen und das Auge dieses Jahrhunderts wird sich schließen, bevor er wieder erscheint; denn in weiten Bahnen zieht der leuchtende Genius und erst späte Enkel heißen freudig willkommen, von dem[40] trauernde Väter einst weinend geschieden. Und eine Krone ist gefallen von dem Haupte eines Königs! Und ein Schwert ist gebrochen in der Hand eines Feldherrn; und ein hoher Priester ist gestorben! Wohl mögen wir den beweinen, der uns Ersatz gewesen[41] und uns nun unersetzlich geworden. Wir hatten Jean Paul, und wir haben ihn nicht mehr, und in ihm verloren wir, was wir nur in ihm besaßen: Kraft und Milde, und Glauben, und heitern Scherz, und entfesselte Rede. Das ist der Stern, der untergegangen: der himmlische Glaube, der in dem Erloschenen uns geleuchtet. Das ist die Krone, die herabgefallen: die Krone der Liebe, die den beherrschte, der sie getragen, wie alle, die ihm untertan gewesen. Das ist das Schwert, das gebrochen: der Spott in scharfer Hand, vor dem Könige zittern, und der blutleere Höflinge erröten macht. Und das ist der hohe Priester, der für uns gebetet im Tempel der Natur — er ist dahin geschieden und unsere Andacht hat keinen Dolmetscher mehr. Wir wollen trauern um ihn, den wir verloren, und um die andern, die ihn nicht verloren. Nicht allen hat er gelebt! Aber eine Zeit wird kommen, da wird er allen geboren, und alle werden ihn beweinen. Er aber steht geduldig an der Pforte des zwanzigsten Jahrhunderts und wartet lächelnd, bis sein schleichend[42] Volk ihm nachkomme.

Jahrhunderte ziehen hinab, die Jahreszeiten rollen vorüber, es wechselt die Witterung des Glücks; die Stufen des Alters steigen auf und steigen nieder. Nichts ist dauernd als der Wechsel, nichts beständig als der Tod. Jeder Schlag des Herzens schlägt uns eine Wunde, und das Leben wäre ein ewiges Verbluten, wenn nicht die Dichtkunst wäre. Sie gewährt uns, was uns die Natur versagt: eine goldene Zeit, die nicht rostet, einen Frühling, der nicht abblüht, wolkenloses Glück und ewige Jugend. Der Dichter ist

---

[40] him from whom
[41] = *der uns Ersatz gewesen ist.* Omission of the auxiliary in transposed word order, characteristic of elevated style, occurs repeatedly in this selection.
[42] = *schleichendes*

der Tröster der Menschheit; er ist es, wenn der Himmel selbst ihn bevollmächtigt, wenn ihm Gott sein Siegel auf die Stirne gedrückt und wenn er nicht um schnöden Botenlohn die himmlische Botschaft bringt. So war Jean Paul. Er sang nicht in den Palästen der Großen, er scherzte nicht mit seiner Leier an den Tischen der Reichen. Er war der Dichter der Niedergebornen, er war der Sänger der Armen, und wo Betrübte weinten, da vernahm man die süßen Töne seine Harfe...

Für die Freiheit des Denkens kämpfte Jean Paul mit andern; im Kampfe für die Freiheit des Fühlens steht er allein...

Jean Paul war der Dichter der Liebe, auf die schönste und erhabenste Weise, wie man dieses Wort nur deuten mag. Doch was ist Liebe ohne Gerechtigkeit? Die Milde des Räubers, der dem einen schenkt, was er dem andern genommen. Jean Paul war auch ein Priester des Rechts. Die Liebe war ihm eine heilige Flamme, und das Recht der Altar, auf dem sie brannte, und nur reine Opfer brachte er ihr. Er war ein sittlicher Sänger. Nie schmückte er häßliche Sünde mit den Blumen seiner Worte aus; nie bedeckte er eine unedle Regung mit dem Golde seiner Reden. Er stritt für Wahrheit, für Recht, für Freiheit und Glauben.

So war Jean Paul! — Fragt ihr: wo er geboren, wo er gelebt, wo seine Asche ruhe? Vom Himmel ist er gekommen, auf der Erde hat er gewohnt, unser Herz ist sein Grab. Kein Held, kein Dichter hat von seinem Leben so treue Kunde aufgezeichnet, als Jean Paul es getan. Der Geist ist entschwunden, das Wort ist geblieben! Er ist zurückgekehrt in seine Heimat; und in welchem Himmel er auch wandere, auf welchem Sterne er auch wohne, er wird in seiner Verklärung seine traute Erde nicht vergessen, nicht seine lieben Menschen, die mit ihm gespielt und geweint, und geliebt und geduldet, wie er.

Friedrich Hölderlin studierte in Tübingen Theologie. Auch er wurde Hauslehrer. Aber während Jean Paul in den literarischen Salons gefeiert wurde, blieb Hölderlin arm, einsam und unbekannt. Im Jahre 1802 versank er in unheilbaren

Wahnsinn, von dem er erst nach vierzig Jahren durch den Tod erlöst wurde.

Den geschichtlichen Hintergrund seines Romans „Hyperion oder der Eremit in Griechenland" bildet der 1770 beginnende Freiheitskampf der Griechen gegen die Türken. In diesem Werk und auch in seinem Drama „Empedokles" gibt Hölderlin der Sehnsucht der deutschen Seele nach Hellas,[43] dem Land ihrer Träume, Ausdruck.

Durch sein ganzes Leben und auch in der Zeit seiner geistigen Umnachtung schrieb Hölderlin Oden, die an Schönheit auch die von Klopstock, dem Altmeister dieser Dichtungsart, übertreffen. Sie sind entweder in antiken Strophenformen[44] oder freien Rhythmen verfaßt.

Es folgt hier eine Auswahl seiner eindrucksvollsten Dichtungen:

An die Parzen

Nur Einen Sommer gönnt, ihr Gewaltigen!
  Und Einen Herbst zu reifem Gesange mir,
    Daß williger mein Herz, vom süßen
      Spiele gesättiget, dann mir sterbe!

Die Seele, der im Leben ihr göttlich Recht
  Nicht ward,[45] sie ruht auch drunten im Orkus nicht;
    Doch ist mir einst das Heil'ge, das am
      Herzen mir liegt, das Gedicht, gelungen,

Willkommen dann, o Stille der Schattenwelt!
  Zufrieden bin ich, wenn auch mein Saitenspiel
    Mich nicht hinabgeleitet; Einmal
      Lebt' ich, wie Götter, und mehr bedarf's nicht.

Hyperions Schicksalslied[46]

Ihr wandelt droben im Licht
  Auf weichem Boden, selige Genien![47]
    Glänzende Götterlüfte

---

[43] Greece
[44] verse form; meter
[45] The soul, not accorded in life its divine right . . .
[46] From Hölderlin's novel, "Hyperion" (1797); sung by its title hero.
[47] spirits

Rühren euch leicht,
　　Wie die Finger der Künstlerin
　　　Heilige Saiten.

Schicksallos, wie der schlafende
　　Säugling, atmen die Himmlischen;
Keusch[48] bewahrt
　　In bescheidener Knospe,
　　　Blühet ewig
　　　　Ihnen[49] der Geist,
　　　　　Und die seligen Augen
　　　　　　Blicken in stiller
　　　　　　　Ewiger Klarheit.

Doch uns ist gegeben,
　Auf keiner Stätte zu ruhn,
　Es schwinden, es fallen
　　Die leidenden Menschen
　　　Blindlings von einer
　　　　Stunde zur andern,
　　　　　Wie Wasser von Klippe
　　　　　　Zu Klippe geworfen,
　　　　　　　Jahrlang ins Ungewisse hinab.

Hälfte des Lebens[50]

Mit gelben Birnen hänget
Und voll mit wilden Rosen
Das Land in den See;
Ihr holden Schwäne,
Und trunken von Küssen
Tunkt ihr das Haupt
Ins heilignüchterne[51] Wasser.

Weh mir, wo nehm ich, wenn
Es Winter ist, die Blumen, und wo
Den Sonnenschein

---

[48] in innocence
[49] The antecedent is *die Himmlischen*.
[50] Written at the beginning of the poet's mental illness.
[51] sacredly dispassionate

Und Schatten der Erde?
Die Mauern stehn
Sprachlos und kalt, im Winde
Klirren die Fahnen.[52]

[52] vanes

Die ältere (Jenaer) Romantik

AUGUST WILHELM VON SCHLEGEL (1767–1845)
FRIEDRICH VON SCHLEGEL (1772–1829)
JOHANN LUDWIG TIECK (1773–1853)
WILHELM HEINRICH WACKENRODER (1773–1798)
FRIEDRICH VON HARDENBERG (1772–1801)

Seite an Seite mit den jungen Dichtern, die sich um das Jahr 1800 in Jena zu einem literarischem Bündnis zusammenschlossen, kämpften für die neue Kunstanschauung zwei vorwiegend denkerische Naturen: die Brüder Schlegel.
August Wilhelm Schlegel, der ältere der beiden, hat vor allem als Kritiker und Übersetzer Bedeutendes geleistet. Seine **„Vorlesungen über dramatische Kunst und Literatur"** enthalten eine zusammenfassende Geschichte und Kritik der Schauspielkunst vom Drama der Griechen bis zum Theater der Deutschen. In der ersten dieser Vorlesungen wird der Unterschied zwischen klassischer und romantischer Poesie folgendermaßen bestimmt: „Die Poesie der Alten war die des Besitzes, die unsrige ist die der Sehnsucht; jene steht fest auf dem Boden der Gegenwart, diese wiegt sich[1] zwischen Erinnerung und Ahnung".[2] Den Höhepunkt des Werkes bildet die zwölfte Vorlesung mit der Darstellung des Zeitalters Shakespeares. Wir geben daraus einen Abschnitt wieder:

Nach allen Stimmen zu urteilen, die von dorther noch zu uns herüberhallen, wußten die Zeitgenossen Shakespeares gar wohl, was sie an ihm hatten; sie fühlten und verstanden ihn besser als die meisten, die späterhin sich haben vernehmen lassen. Indessen kam schon frühzeitig die Vorstellung in Gang, Shakespeare sei ein rohes Genie gewesen, und habe blindlings unzusammenhän-

---
[1] moves back and forth
[2] anticipation; presentiment

gende Dichtungen auf gut Glück[3] hingeschüttet. Ben Jonson, ein **jüngerer Zeitgenosse** und Nebenbuhler Shakespeares, der im Schweiße seines Angesichts, aber mit geringem Erfolg das englische Schauspiel nicht romantisch, sondern nach dem Muster der Alten zu bilden strebte, meinte, er habe nicht genug ausgestrichen, und weil er wenig Schulgelehrsamkeit besessen, verdanke er der Natur mehr als der Kunst. Auch der gelehrte und zuweilen etwas pedantische Milton stimmt in diesen Ton ein. Die neueren Herausgeber gehen viel weiter. Sie beschuldigen ihn des Bombastes, einer verworrenen, ungrammatischen, witzelnden Schreibart, und der verkehrtesten Possenreißerei. Pope behauptet, er habe gewiß besser, aber vielleicht auch schlechter als irgend ein anderer geschrieben. Man darf sich also nicht wundern, wenn die Ausländer, die Deutschen der neuesten Zeit ausgenommen, solche Urteile nach ihrer Unkenntnis übertreiben. Sie reden von Shakespeares Schauspielen als abenteuerlichen Ungeheuern, die nur in einer wüsten barbarischen Zeit von einem beinah verbrannten Gehirn ans Licht gefördert werden mochten; und Voltaire schlägt dem Fasse den Boden ein,[4] indem er sich erdreistet zu sagen: Hamlet, das tiefsinnige Meisterwerk des philosophischen Dichters, „scheine von einem besoffenen Wilden herzurühren". Daß Ausländer, besonders Franzosen, die oft von der Vorzeit und dem sogenannten Mittelalter so wunderlich sprechen, als ob erst durch Ludwig den Vierzehnten die Menschenfresserei in Europa wäre abgestellt worden, sich die Meinung von Shakespeares barbarischem Zeitalter eingeschwatzt, möchte hingehen;[5] aber daß die Engländer sich eine solche Verleumdung jener glorreichen Epoche ihrer Geschichte, worin der Grund zu ihrer jetzigen Größe gelegt worden, gefallen lassen, ist mir unbegreiflich. Shakespeare blühte und schrieb in der letzten Hälfte der Regierung der Elisabeth und in der ersten König Jakob des Ersten, also unter gelehrten und die Wissenschaft ehrenden Monarchen. Die Politik des neueren Europa, die dessen Länder in mannigfaltige Wechselberührung setzte, hatte schon ein Jahrhundert früher ihren Anfang genommen. Der Eifer für das Studium der

[3] trusting to chance; without aim
[4] tops them all
[5] may be overlooked

Alten war so lebhaft erwacht, daß sogar Frauen am Hofe, und die Königin selbst, mit der lateinischen und griechischen Sprache vertraut waren, und es wenigstens in der ersten bis zur Fertigkeit im Sprechen gebracht hatten: eine Kenntnis, die man jetzt an den europäischen Höfen gewiß vergeblich suchen würde. Handel und Schiffahrt, welche die Engländer schon nach allen vier Weltteilen trieben, machten sie mit den Sitten und geistigen Hervorbringungen anderer Nationen bekannt, und sie waren damals, wie es scheint, gegen fremde Sitten gastfreier als jetzt. Italien hatte ungefähr alles, was seine Literatur auszeichnet, schon gehabt, und man übersetzte in England fleißig aus dem Italienischen, sogar mit Glück[6] in Versen. Auch mit der spanischen Literatur war man nicht unbekannt: es läßt sich nachweisen, daß man den Don Quixote kurz nach seiner Erscheinung in England gelesen habe. Bacon, der Stifter der neueren Experimental-Physik, und von dem man sagen kann, daß er, was von der herrschenden Philosophie des achtzehnten Jahrhunderts noch diesen Namen[7] verdient, in seiner Tasche hatte,[8] war ein Zeitgenosse Shakespeares. Er wurde zwar erst nach dessen Tode durch Schriften berühmt: aber welche Begriffe mußten im Umlauf sein, damit ein solcher Denker aufstehen konnte! Manche Fächer des menschlichen Wissens sind seitdem mehr angebaut worden, nur gerade diejenigen, welche für die Poesie ganz unersprießlich sind: mit Chemie, mit Mechanik, mit Manufakturen, mit Land- und Staatswirtschaft macht man keine Gedichte.

Was nun den Ton der damaligen Geselligkeit insbesondere betrifft, so muß man wohl unterscheiden zwischen Bildung und Abgeschliffenheit. Die letzte, welche origineller Wechselmitteilung ganz und gar ein Ende macht, und alles unter die fade Einförmigkeit gewisser Formeln zwängt, war dem Zeitalter Shakespeares allerdings fremd, wie sie es großenteils noch dem heutigen England ist. Es war gesunde Kraftfülle vorhanden, die sich keck und oft mutwillig kund gab. Der ritterliche Geist war noch nicht erloschen, und eine Königin, die weit mehr für ihr Geschlecht als für ihre Würde Huldigung begehrte, und die durch

---

[6] successfully
[7] i.e., *den Namen Philosophie*
[8] had at his fingertips

ihre Entschlossenheit, Klugheit und große Gesinnung in der Tat Begeisterung einflößen konnte,[9] entflammte diesen Geist zu edler Ruhmbegierde. Auch Reste der Feudal-Unabhängigkeit gab es noch: der Adel hielt auf[10] Pracht in den Kleidertrachten und zahlreiches Gefolge, so daß jeder große Herr fast einen kleinen Hof um sich hatte. Überhaupt war der Unterschied der Stände stark bezeichnet, und dies ist für den dramatischen Dichter sehr erwünscht. Im Gespräch liebte man rasche unerwartete Erwiderungen, wodurch ein witziger Einfall wie ein Federball so lange hin und her geschnellt wird, bis man sich müde daran gespielt hat. Dies und den Mißbrauch der Wortspiele mag man für einen falschen Geschmack halten; aber es für ein Zeichen der Roheit und Barbarei zu nehmen, wäre eben so, als wenn man aus dem ausschweifenden Luxus eines Volkes auf dessen Armut schließen wollte. Dergleichen witzelnde Gespräche kommen beim Shakespeare häufig vor, wo es sein Zweck mit sich bringt,[11] den wirklichen Ton der damaligen Gesellschaft zu schildern; es folgt daraus gar nicht, daß er sie gebilligt hätte. Hamlet sagt bei Gelegenheit des Totengräbers: „Wahrhaftig, Horatio, ich habe seit drei Jahren darauf geachtet: das Zeitalter wird so spitzfindig, daß der Bauer dem Hofmann auf die Fersen tritt."

Übrigens legt Shakespeare an tausend Stellen ein ungemein großes Gewicht auf den echten und feinen Weltton, und warnt vor jedem Abwege davon, sowohl von seiten des bäuerischen Ungeschicks als der gezierten Geckerei,[12] er gibt nicht nur die treffendsten Lehren darüber, er stellt ihn[13] dar in allen seinen Abstufungen nach Stand, Alter und Geschlecht. Was läßt sich nun noch anführen, worauf man die Behauptung von den wüsten Sitten jener Zeit gründen konnte? Etwa die Unanständigkeiten? Gälte dieser Beweis, so müßte man auch das Zeitalter des Perikles und des Augustus roh und ungesittet schelten, denn Aristophanes und Horaz, die doch beide für Muster der Urbanität galten, lassen es wahrlich nicht an den gröbsten Unanständigkeiten fehlen. Das verschiedene sittliche Urteil der Völker hierüber hängt von ganz

---

[9] could, in fact, infuse enthusiasm
[10] stressed; insisted on
[11] where it is to his purpose
[12] foolishness; foppery
[13] i.e., *den feinen Weltton*

andern Ursachen ab. Es ist wahr, Shakespeare bringt uns zuweilen in anstößige Gesellschaft; andre Male läßt er Zweideutigkeiten in Gegenwart der Frauen oder gar von ihnen selbst sagen. Dies war also vermutlich ein damals nicht unerhörter Mutwille. Dem großen Haufen zu gefallen tat er es gewiß nicht, denn in vielen seiner Stücke kommt nicht das mindeste dieser Art vor, und in welcher zarten Jungfräulichkeit sind manche seiner weiblichen Rollen gehalten! Wenn man sieht, was sich andere dramatische Dichter in England, zu seiner Zeit und noch viel später, erlaubten, so muß man ihn vergleichungsweise keusch und sittsam nennen. Auch dürfen wir einige Umstände in der damaligen Einrichtung des Theaters nicht vergessen. Die weiblichen Rollen wurden nicht von Frauen, sondern von Knaben gespielt; die Zuschauerinnen gingen nicht anders als verlarvt ins Schauspiel. Unter dieser Karnevals-Verkleidung mochten sie sich dann gefallen lassen, manches anzuhören, und man getraute sich, es in ihrer Gegenwart zu sagen, was sonst nicht schicklich gewesen wäre. Es ist löblich, wenn bei allem Öffentlichen, und also auch auf der Bühne, für Anständigkeit gesorgt wird, allein[14] man kann darin auch zu weit gehen. Die Vorsicht, nichts berühren zu lassen, was auf das sinnliche Verhältnis beider Geschlechter Bezug hat, kann auf einen Grad steigen, wo sie höchst lästig für den dramatischen Dichter wird, und der Kühnheit seiner Darstellungen den größten Abbruch tut. Nach solchen Bedenklichkeiten müßten manche der schönsten Verwickelungen in Shakespeares Schauspielen, z. B. „Gleiches mit Gleichem", „Ende gut, alles gut", auch noch so schonend behandelt[15] für anstößig erklärt werden.

Wenn sonst kein anderes Denkmal vom Zeitalter der Elisabeth auf uns gekommen wäre als die Werke Shakespeares, so würde ich eben aus ihnen den vorteilhaftesten Begriff von der damaligen gesellschaftlichen Bildung schöpfen. Denjenigen, die durch so seltsame Brillen sehen, daß sie darin nichts als Rohheit und Barbarei finden, wenn sie dennoch nicht ableugnen können, was ich oben historisch dargetan, bleibt keine andere Ausflucht übrig als zu sagen: „Was half Shakespearen die Bildung seines Zeitalters? Er hatte keinen Anteil daran. In niedrigem Stande geboren, ohne

[14] but
[15] even though treated ever so carefully

Erziehung, unwissend, lebte er in gemeiner Gesellschaft, und arbeitete ums Tagelohn für ein pöbelhaftes Publikum, ohne den geringsten Gedanken an Ruhm und an die Nachwelt."

An allem diesem ist kein wahres Wort, wiewohl es tausendmal wiederholt worden. Wir wissen zwar sehr wenig von den Lebensumständen des Dichters, und das meiste besteht in aufgerafften, höchst verdächtigen Anekdoten von dem Schlage,[16] wie Gastwirte sie neugierigen Fremden, die sich an dem Geburts- oder Wohnort eines berühmten Mannes nach ihm erkundigen, entgegen bringen. Erst neuerdings hat man wirkliche Dokumente aufgespürt, unter andern sein Testament, das einen Blick in seine Familienverhältnisse tun läßt. Es verrät einen außerordentlichen Mangel an kritischem Scharfsinn, daß unter den Auslegern Shakespeares, die wir kennen, noch keiner darauf gefallen ist, seine Sonette für seine Lebensbeschreibung zu benutzen. Sie schildern ganz augenscheinlich wirkliche Lagen und Stimmungen des Dichters, sie machen uns mit den Leidenschaften des Menschen bekannt, ja sie enthalten auch sehr merkwürdige Geständnisse über seine jugendlichen Verirrungen. Shakespeares Vater war ein begüterter Mann, dessen Vorfahren in Stratford obrigkeitliche Ämter bekleidet hatten, und dem in einem Diplom des Heroldsamtes über die Erneuerung oder Bestätigung seines Familienwappens der Titel Gentleman beigelegt wird. Unser Dichter, der älteste Sohn unter vielen Geschwistern, konnte freilich keine akademische Erziehung bekommen, da er sich, kaum achtzehn Jahre alt, vermutlich bloß aus häuslichen Rücksichten[17] verheiratete. In diesem engen bürgerlichen Leben hielt er es nur wenige Jahre aus, sei es nun, daß ihn der Überdruß daran nach London gelockt, oder daß ihn, wie die Sage geht, die Folgen einer Ausgelassenheit von seiner Heimat vertrieben. Dort ergriff er den Stand des Schauspielers, den er anfangs als eine Erniedrigung betrachtete, hauptsächlich weil ihn das Beispiel seiner Kameraden verführte, an ihrer wilden Lebensart teilzunehmen. Es läßt sich wahrscheinlich machen,[18] daß er am meisten durch seinen Dichterruhm dazu beigetragen, im Fortgange seiner Laufbahn die Bühne zu adeln und den Schauspielerstand mehr zu Ehren zu bringen. Schon frühzeitig strebte er, sich als Dichter, selbst

[16] of the sort
[17] for family reasons
[18] it is probable

August Wilhelm Schlegel

außerhalb der Schaubühne, hervorzutun, wie seine Jugendgedichte Adonis und Lucretia beweisen. In der Folge gelangte er zu der Stelle eines Mitbesitzers und Vorstehers des Schauspielhauses, wofür er arbeitete. Daß er zum Umgange der Vornehmen nicht zugelassen worden, ist ganz und gar nicht glaublich: er fand außer verschiedenen andern an dem Grafen von Southampton, dem Freunde des unglücklichen Essex, einen sehr freigebigen und ihm zärtlich zugetanen Gönner. Nicht nur erhielten seine Stücke erstaunlichen Beifall bei dem größeren Publikum, sondern sie gefielen am Hofe: die beiden Monarchen, unter deren Regierung er schrieb, waren nach dem Zeugnis eines Zeitgenossen ganz davon eingenommen. Sie wurden am Hofe aufgeführt, und Elisabeth scheint selbst die Schreibung eines und des andern zur Feier von Hoffesten veranlaßt zu haben. Man weiß, daß König Jakob Shakespearen durch ein eigenhändiges Schreiben geehrt. Alles dies sieht nicht nach Geringschätzung und Verbannung in die Dunkelheit eines niedrigen Kreises aus. Shakespeare erwarb sich durch seine Tätigkeit als Dichter, Schauspieler und Schauspieldirektor ein beträchtliches Vermögen, das er in den letzten Jahren seines allzu kurzen Lebens an seinem Geburtsort in Ruhe und im Umgange mit einer geliebten Tochter genoß. Gleich nach seinem Tode wurde ihm ein Denkmal auf seiner Grabstätte errichtet, welches man für die damalige Zeit prächtig nennen kann.

※ ※

Schlegels Übertragungen von Shakespeare, Dante und Calderon gelten mit Recht als Spitzenleistungen der Übersetzungskunst. Shakespeares Dramen, deren Übertragung später unter Tiecks Leitung zu Ende geführt wurde, sind so geistiger Besitz des deutschen Volkes geworden.

※ ※

Der genialste Theoretiker der Romantik ist **Friedrich Schlegel**. Seine Kunstauffassung ist in einer Reihe von kritischen Schriften niedergelegt, von denen „Die Geschichte der alten und neuen Literatur" die bedeutendste ist. Unter seinen mit Recht berühmten Fragmenten befindet sich das folgende über die romantische Poesie, das zuerst in der Zeitschrift „Das Athenäum" erschien und seither als **„Athenäums-Fragment 116"** bekannt ist:

Die romantische Poesie ist eine progressive Universalpoesie. Ihre Bestimmung ist nicht bloß,[19] alle getrennten Gattungen der Poesie wieder zu vereinigen und die Poesie mit der Philosophie und Rhetorik in Berührung zu setzten. Sie will und soll auch Poesie und Prosa, Genialität und Kritik, Kunstpoesie und Naturpoesie bald mischen, bald verschmelzen, die Poesie lebendig und gesellig und das Leben und die Gesellschaft poetisch machen, den Witz poetisieren und die Formen der Kunst mit gediegenem Bildungsstoff jeder Art anfüllen und sättigen und durch die Schwingungen des Humors beseelen. Sie umfaßt alles, was nur poetisch ist, vom größten, wieder mehrere Systeme in sich enthaltenden Systeme der Kunst, bis zu dem Seufzer, dem Kuß, den das dichtende Kind aushaucht in kunstlosen Gesang. Sie kann sich so in das Dargestellte verlieren, daß man glauben möchte, poetische Individuen jeder Art zu charakterisieren, sei ihr eins und alles;[20] und doch gibt es noch keine Form, die so dazu gemacht wäre, den Geist des Autors vollständig auszudrücken: so daß manche Künstler, die nur auch einen Roman schreiben wollten, von ungefähr sich selbst dargestellt haben. Nur sie kann gleich[21] dem Epos ein Spiegel der ganzen umgebenden Welt, ein Bild des Zeitalters werden. Und doch kann auch sie am meisten zwischen dem Dargestellten und dem Darstellenden, frei von allem realen und idealen Interesse, auf den Flügeln der poetischen Reflexion in der Mitte schweben, diese Reflexion immer wieder potenzieren und wie in einer endlosen Reihe von Spiegeln vervielfachen. Sie ist der höchsten und der allseitigsten Bildung fähig; nicht bloß von innen heraus, sondern auch von außen hinein; indem sie jedem, was ein Ganzes in ihren Produkten sein soll, alle Teile[22] ähnlich organisiert, wodurch ihr die Aussicht auf

[19] not only
[20] is its one and all
[21] like; as
[22] by organizing similarly all the parts of everything destined to be a whole among its products

eine grenzenlos wachsende Klassizität eröffnet wird. Die romantische Poesie ist unter den Künsten, was der Witz der Philosophie und die Gesellschaft, Umgang, Freundschaft und Liebe im Leben ist. Andere Dichtarten sind fertig und können nun vollständig zergliedert werden. Die romantische Dichtart ist noch im Werden; ja, das ist ihr eigentliches Wesen, daß sie ewig nur werden, nie vollendet sein kann. Sie kann durch keine Theorie erschöpft werden, und nur eine divinatorische Kritik dürfte es wagen, ihr Ideal charakterisieren zu wollen. Sie allein ist unendlich, wie sie allein frei ist und das als ihr erstes Gesetz anerkennt, daß die Willkür des Dichters kein Gesetz über sich leide. Die romantische Dichtart ist die einzige, die mehr als Art und gleichsam die Dichtkunst selbst ist: denn in einem gewissen Sinn ist oder soll alle Poesie romantisch sein.

Friedrich Schlegels Lehre, daß das Kunstwerk „aus der Urkraft der Menschheit hervorblüht wie das Gewächs aus dem Kern der Erde", kommt auch in seinem Essay „**Grundzüge der gotischen Baukunst**" zum Ausdruck, in dem er die Herrlichkeit des Kölner Doms beschreibt:

Diese alte Stadt pflegt den Fremden mehrenteils zu mißfallen; wie denn jede große Stadt, die in Verfall geraten ist, keinen angenehmen Eindruck machen kann. Doch fehlt es nicht an schönen großen Plätzen oder solchen, die mit geringen Veränderungen verschönert werden könnten. Die vorzüglichsten und wichtigsten Gebäude sind günstig und gut gelegen, frei und erhaben. Die Straßen, besonders die nach dem Rheine zu,[23] sind meistens eng, weil alles sich des Verkehrs und des Gewerbes wegen nach dieser Gegend drängt; sehr breite Gassen würden hier auch wegen der Strenge der Rheinluft im Frühling und Herbst nicht eben gewöhnlich[24] sein.

Die herrliche amphitheatralische Lage der Stadt am Rhein, längs dessen Ufer sie einen halben Mond in der Ausdehnung

[23] leading toward the Rhine
[24] usual; the thing to expect

einer kleinen Stunde bildet, die Menge der Gärten in der Stadt selbst, die Schönheit des inneren und äußeren Spazierganges um den Wall, die beträchtliche Erhöhung einiger Teile der Stadt gewähren einen hinlänglichen Ersatz für den Mangel an umgebenden Spaziergängen und für die im ganzen[25] flache Gegend, die nur in der Ferne durch das Siebengebirge begrenzt wird, insofern[26] es für eine solche Lage einen Ersatz geben kann. Doch dem sei wie ihm wolle,[27] Köln möge den Forderungen des jetzigen Modegeschmacks so wenig oder so schlecht entsprechen als möglich; für den Freund der Kunst und der Altertümer ist es eine der wichtigsten und lehrreichsten Städte Deutschlands.

Köln war unter den Römern die Hauptstadt der ihnen so wichtigen Germania secunda, auch in dem nachmaligen Austrasien von gleicher Wichtigkeit, von Otto dem Großen an[28] der Sitz des mächtigsten geistlichen Kurfürstentums,[29] eine der mächtigsten Hansestädte[30] und eine der wichtigsten Universitäten des Mittelalters, zu welcher berühmte Männer aus den entferntesten Weltgegenden zusammenkamen. Hier studierte jener Snorri Sturluson aus dem entfernten Island, welcher die nordischen Sagen zur Edda gesammelt und verbunden hat und Vorsteher dieses damals so blühenden skandinavischen Freistaates war. Und hierher kam von Neapel der heilige Thomas von Aquino als zwanzigjähriger Jüngling, da er seiner edlen Familie entsprungen war, um sich dem geistlichen Stande zu widmen. Daher fehlt es denn auch nicht an bedeutenden Erinnerungen und eigentümlichen Merkwürdigkeiten jeder Art in dieser alten, durch innere Kriege, durch die Wirkungen der Reformation und durch den mit der veränderten Lage der Dinge mehr oder minder allgemeiner gewordenen Verfall von Deutschland von ihrer ehemaligen Höhe herabgesunkenen Stadt, die für jetzt mit den anderen Städten des linken Rheinufers den Franzosen anheimgefallen ist.

Insonderheit aber für gotische Baukunst ist der Reichtum an

[25] on the whole
[26] in so far as
[27] be that as it may
[28] from the time of Otto the Great (962–973)
[29] spiritual electorate: the Archbishop of Cologne was one of the seven prince electors (three spiritual and four secular), who chose the Holy Roman Emperor.
[30] Hanseatic towns: members of the Hanseatic League or Hanse, a far-flung confederacy of commercial towns in Northern Germany, originally a guild of their merchants.

Friedrich Schlegel

Denkmalen daselbst wahrhaft unermeßlich. Von den ältesten Zeiten, da dieselbe[31] der christlich griechischen nicht ganz unähnlich war, bis in die spätesten, wo sie in der spanisch prächtigen, aber überladenen Bauart der Jesuiten sich in die moderne Baukunst zu verlieren anfängt, finden sich herrliche Gebäude als Belege und Beispiele für jede bedeutende Stufe der Kunst nicht nur, sondern auch für jede einigermaßen wichtige Abweichung und Verschiedenheit. Ja außer den Kirchen finden sich auch noch eine hinlängliche Anzahl von ziemlich erhaltenen Privathäusern aus der gleichen Zeit ganz im Stil der gotischen Kirchen und zwar der älteren Art, welche man gewöhnlich Tempelhäuser[32] nennt nach der herrschenden, aber nicht allgemein anwendbaren Voraussetzung, daß sie von den Tempelherren seien bewohnt worden.

Das merkwürdigste aller Denkmale ist der Dom. Wäre er vollendet, so würde auch die gotische Baukunst ein Riesenwerk aufzuzeigen haben, was den stolzesten des neuen oder alten Roms verglichen werden könnte. Nur der dritte Teil etwa der Kirche ohne die Kuppel und ohne die Seitenstücke, welche die Kreuzform bilden sollten, und noch nicht die Hälfte nur eines Turmes sind aufgeführt. Doch ist auch dieses wenige mehr, als man irgendwo sonst sieht durch die Größe der Anlage und noch mehr durch die Schönheit des Stils. Konrad von Hochstetten, derselbe kühne Mann, dessen tätiger Einfluß dem furchtbaren Friedrich II. mehr als einen Gegenkaiser entgegenstellte, entwarf auch diesen erhabenen Gedanken. Der bis auf die Zieraten vollendete, ausführliche Grundriß des unbekannten Baumeisters ist noch vorhanden. Der Bau ward angefangen im Jahre 1248,[33] der vollendete Chor aber eingeweiht im Jahre 1322.

Alle ergreift das Große dieses erhabenen Bruchstückes mit Erstaunen, und besonders der Blick in die Höhe des Chorgewölbes erfüllt jede Brust mit Bewunderung. Was aber dem, der mehrere Denkmale der gotischen Baukunst mit Aufmerksamkeit zu beobachten Gelegenheit hatte, am meisten auffällt, ist die

---

[31] i.e., *die gothische Baukunst*
[32] Templar Houses: The Templars or Knights Templars or Knights of the Temple were members of a military and religious order, first established at Jerusalem for the protection of Christian pilgrims and the Holy Sepulcher. They spread over Europe after the conquest of Palestine by the Saracens.
[33] It was finally completed in the period 1842–1880.

Schönheit der Verhältnisse, die Einfalt, das Ebenmaß bei der Zierlichkeit, die Leichtigkeit bei der Größe. Den Eindruck fühlt jeder, der Gefühl für so etwas hat; beschreiben aber oder erklären läßt sich dieses Gefühl weiter nicht, nur genaue Abmessungen im Vergleich mit anderen Gebäuden ähnlicher Art würden lehrreiche Aufschlüsse über das Geheimnis jenes dem zarteren Gefühl so merklichen Ebenmaßes geben können. Gewiß ist es, daß die meisten auch sehr berühmten und ruhmwürdigen gotischen Kirchen gegen diese teils noch etwas roh und schwerfällig, teils aber überladen, spielend und weniger zweckmäßig erscheinen. In der allgemeinen Anlage ist der Dom wie die eigentlich gotischen oder altdeutschen Kirchen meistens zu sein pflegen.[34] Die Form des lateinischen Kreuzes endigt im Chor[35] nach Morgen[36] mit einer halben Rundung; zwei hohe Türme zieren den dreifachen Haupteingang nach Abend,[37] und die Querstücke des Kreuzes sollten noch zwei Seiteneingänge nach den andern beiden Weltgegenden bilden. In der Mitte zwischen beiden und der gesamten Kirche sollte die Kuppel sich über dem hohen Grabmal der Heiligen Drei Könige erheben; doch dieses ist nicht ausgeführt worden. Die Türme sind gleichsam unermeßliche Gewächse von lauter[38] Schnitzwerk zusammengewunden und stolz in die Höhe schießend. Auch die weitläufigen Träger[39] mit allen ihren Schwibbogen,[40] ihren Verzierungen, ihren Knospen, Spitzen und Türmen sind einem Wald zu vergleichen. Die gotischen Säulen hat man mit der stolzen Wölbung eines hohen Baumganges nicht unschicklich verglichen. Man könnte sie auch wohl mit dem Wasserstrahl eines gewaltigen Springbrunnens vergleichen, wenn dieser ebenso dicht wieder herabströmte, als er emporschießt. Und wenn das Ganze von außen mit allen seinen zahllosen Türmen und Türmchen aus der Ferne einem Walde nicht unähnlich sieht, so scheint das ganze Gewächse, wenn man etwas nähertritt, eher einem unermeßlichen Gebilde der kristallisierten Natur zu vergleichen. Es gleichen mit einem Worte diese Wun-

[34] usually are
[35] the choir (situated in the apse)
[36] facing East
[37] facing West
[38] nothing but
[39] girders; here probably: flying buttresses, despite the following *Schwibbogen*
[40] = *Schwebebogen*; flying buttresses; here probably: arches

derwerke der Kunst, in Rücksicht auf die organische Unendlichkeit und unerschöpfliche Fülle der Gestaltung, am meisten den Werken und Erzeugnissen der Natur selbst. Alles ist gestaltet und gebildet und verziert, und immer höhere und mächtigere Formen und Zierden steigen auf aus den ersten und kleineren. Diese Formen und Zieraten aber sind fast alle aus der Pflanzennatur entlehnt.

Rein architektonisch genommen, liegen auch in diesen höchsten Kunstgebilden des zweiten blühenden Stils der gotischen Baukunst dieselben Figuren vom Dreieck und Quadrat zum Grunde[41] wie in dem altchristlichen Kirchenstil. Aber sie treten nicht mehr in ihrer geometrischen Strenge und Reinheit hervor, sondern alles ist mit dem reichen Blätterschmuck und mit der blühendsten Fülle des Lebens umkleidet, sowie auch auf dem Teppich des Frühlings, an dem Reichtum aller dieser grünenden Gewächse, das Gesetz ihrer Struktur und die innere Geometrie der Natur nicht mehr im einzelnen sichtbar hervortritt, sondern alles frei im unendlichen Leben blüht und seine Schönheit entfaltet.

Das Wesen der gotischen Baukunst besteht also in der naturähnlichen Fülle und Unendlichkeit der inneren Gestaltung und äußeren blumenreichen Verzierungen. Daher die unermüdlichen und unzähligen steten Wiederholungen der gleichen Zieraten, daher das Pflanzenähnliche derselben wie an blühenden Gewächsen. Und daher auch das innig Ergreifende, das rührend Geheimnisvolle, das freudig Liebliche und Belebende des Eindrucks bei dem Erstaunen über die Größe.

Einem solchen Wunderwerke der Kunst muß jede Beschreibung erliegen.[42]

Es ist schon bemerkt worden, daß es zwei durchaus verschiedene Epochen in der gotischen Baukunst gebe: eine ältere, welche man wegen einiger Ähnlichkeit mit der christlich-byzantinischen Bauart die gräzisierende[43] genannt hat; dann die vollendete spätere, ungleich künstlichere, am meisten eigentlich deutsche, von welcher bei der Beschreibung des Doms die Rede war. Die gräzi-

---

[41] *liegen ... zum Grunde:* underlie
[42] succumb, fail. Express the preceding dative by 'in the face of'.
[43] Grecian

sierende Art ist zwar die ältere, doch greifen beide Epochen ineinander, teils weil ein neuer Stil nicht auf einmal herrschend wird, indem das Alte noch eine Zeitlang Anhänger zu behalten pflegt, während von andern schon das Neue befolgt wird, teils weil man oft, als der spätere Stil schon blühte, doch noch zu Zeiten im älteren baute, der geringeren Kosten wegen oder wenn es kein Hauptwerk war.

Der Ursprung und die Erklärung der gotischen Baukunst im allgemeinen ist zu suchen in der aufgezeigten Grundidee derselben, in der eigentümlichen Beschaffenheit und Bedeutung der christlichen Kirche und endlich noch in der Natur der nordischen, unter dem kalten Himmelsstrich gebräuchlichen und dem rauheren Klima angemessenen Bauart; wozu man allenfalls noch die Natur des Stoffes rechnen könnte, indem die geringere Schönheit des Sandsteins gegen den Marmor bei steigendem Streben nach Verschönerung von selbst darauf führen mußte, die Kunst der Verzierung auf eine Höhe zu treiben, die schwerlich in einem andern architektonischen Stoff anwendbar sein dürfte. Aus diesen einfachen Erklärungsgründen werden sich alle die auffallendsten Eigenheiten der gotischen Bauart leicht ableiten lassen.

Unter den älteren Romantikern besaß **Ludwig Tieck** das vielseitigste Talent. Er war der Sänger der „mondbeglänzten Zaubernacht, die den Sinn gefangen hält" und der ahnungsvollen romantischen Stimmung:

> Liebe denkt in süßen Tönen
> Denn Gedanken stehn so fern,
> Nur in Tönen mag sie gern
> Alles, was sie will, verschönen.

Tiecks Abneigung gegen die nüchterne Kunstauffassung der Aufklärungszeit und gegen den Tiefstand des Theaters, soweit dieses von mittelmäßigen Unterhaltungsschriftstellern, wie etwa Kotzebue,[44] beherrscht wurde, kommt in seiner

---

[44] August von Kotzebue (1761–1819): prolific and very successful playwright.

satirischen Komödie „Der gestiefelte Kater" wirkungsvoll zum Ausdruck.

Charakteristisch für Tiecks Schaffen ist die Vielfalt[45] der Erscheinungsformen des Wunderbaren,[46] das er immer wieder neu gestaltet. Deshalb ist auch das Märchen die seiner etwas undisziplinierten Phantasie angemessenste Dichtungsart:

Der blonde Eckbert

In einer Gegend des Harzes[47] wohnte ein Ritter, den man gewöhnlich nur den blonden Eckbert nannte. Er war ungefähr vierzig Jahr alt, kaum von mittlerer Größe, und kurze hellblonde Haare lagen schlicht und dicht an seinem blassen eingefallenen Gesichte. Er lebte sehr ruhig für sich und war niemals in den Fehden seiner Nachbarn verwickelt, man sah ihn nur selten außerhalb der Ringmauern seines kleinen Schlosses. Sein Weib liebte die Einsamkeit ebensosehr, und beide schienen sich von Herzen zu lieben, nur klagten sie gewöhnlich darüber, daß der Himmel ihre Ehe mit keinen Kindern segnen wollte.

Nur selten wurde Eckbert von Gästen besucht, und wenn es auch geschah, so wurde ihretwegen fast nichts in dem gewöhnlichen Gange des Lebens geändert, die Mäßigkeit wohnte dort, und die Sparsamkeit selbst schien alles anzuordnen. Eckbert war alsdann heiter und aufgeräumt, nur wenn er allein war, bemerkte man an ihm eine gewisse Verschlossenheit, eine stille zurückhaltende Melancholie.

Niemand kam so häufig auf die Burg, als Philipp Walther, ein Mann, an den sich Eckbert sehr gehängt hatte, weil er an ihm ungefähr dieselbe Art zu denken fand, die er selbst hatte. Er wohnte eigentlich in Franken,[48] hielt sich aber oft über ein halbes Jahr in der Nähe von Eckberts Burg auf, sammelte Kräuter und Steine und beschäftigte sich damit, sie in Ordnung zu bringen, er lebte von einem kleinen Vermögen und war daher von niemand abhängig. Eckbert begleitete ihn oft auf seinen einsamen Spazier-

---

[45] multiplicity
[46] the fantastic; the miraculous
[47] The Harz mountains lie in central Germany.
[48] Franconia

gängen, und mit jedem Jahre eintspann sich zwischen ihnen eine genauere Freundschaft.

Es gibt Stunden, in denen es den Menschen ängstigt, wenn er vor seinem Freunde ein Geheimnis haben soll, was er bis dahin oft mit vieler Sorgfalt versteckt hat, die Seele fühlt dann einen unwiderstehlichen Trieb, sich ganz mitzuteilen, dem Freunde auch das Innerste aufzuschließen, damit er um so mehr unser Freund werde. In diesen Augenblicken geben sich die zarten Seelen einander zu erkennen, und zuweilen geschieht es wohl auch, daß einer vor der Bekanntschaft des andern zurückschreckt.

Es war schon im Herbst, als Eckbert an einem nebligen Abend mit seinem Freunde und seinem Weibe Bertha um das Feuer eines Kamines saß. Die Flamme warf einen hellen Schein durch das Gemach und spielte oben an der Decke, die Nacht sah finster zu den Fenstern hinein, und die Bäume draußen schüttelten sich vor[49] nasser Kälte. Walther klagte über den weiten Rückweg, den er habe, und Eckbert schlug ihm vor, bei ihm zu bleiben, die halbe Nacht unter traulichen Gesprächen zuzubringen, und dann noch in einem Gemache des Hauses bis am Morgen zu schlafen. Walther ging den Vorschlag ein, und nun ward Wein und die Abendmahlzeit hereingebracht, das Feuer durch Holz vermehrt, und das Gespräch der Freunde ward immer heiterer und vertraulicher.

Als das Abendessen abgetragen war und sich die Knechte wieder entfernt hatten, nahm Eckbert die Hand Walthers und sagte zu ihm: „Freund, Ihr solltet Euch einmal von meiner Frau die Geschichte ihrer Jugend erzählen lassen, die seltsam genug ist." — „Gern," sagte Walther, und man setzte sich wieder um den Kamin.

Es war jetzt gerade Mitternacht, der Mond sah abwechselnd durch die vorüberflatternden Wolken. „Ihr müßt mir verzeihen," fing Bertha an, „aber mein Mann sagt, daß Ihr so edel denkt, daß es unrecht ist, Euch etwas zu verhehlen. Nur müßt Ihr meine Erzählung für kein Märchen halten, so sonderbar sie auch klingen mag.

[49] because of

„Ich bin in einem Dorf geboren, mein Vater war ein armer Hirte. Die Haushaltung bei meinen Eltern war nicht zum besten bestellt,[50] sie wußten sehr oft nicht, wo sie das Brot hernehmen sollten. Was mich aber noch weit mehr jammerte, war, daß mein Vater und meine Mutter sich oft über ihre Armut entzweiten, und einer dem anderen dann bittere Vorwürfe machte. Sonst hört' ich beständig von mir, daß ich ein einfältiges dummes Kind sei, das nicht das unbedeutendste Geschäft auszurichten wisse.

„Mein Vater war immer sehr ergrimmt auf mich, daß ich eine so ganz unnütze Last des Hauswesens sei, er behandelte mich daher oft sehr grausam, und es war selten, daß ich ein freundliches Wort von ihm vernahm. So war ich ungefähr acht Jahre alt geworden, und es wurden nun ernstliche Anstalten gemacht, daß ich etwas tun oder lernen sollte. Mein Vater glaubte, es wäre nur Eigensinn oder Trägheit von mir, um meine Tage in Müßiggang hinzubringen, genug,[51] er setzte mir mit Drohungen unbeschreiblich zu,[52] da diese aber doch nichts fruchteten, züchtigte er mich auf die grausamste Art und fügte hinzu, daß diese Strafe mit jedem Tage wiederkehren sollte, weil ich doch nur ein unnützes Geschöpf sei.

„Die ganze Nacht hindurch weint' ich herzlich, ich fühlte mich so außerordentlich verlassen, ich hatte ein solches Mitleid mit mir selber, daß ich zu sterben wünschte. Ich fürchtete den Anbruch des Tages, ich wußte durchaus nicht, was ich anfangen sollte; ich wünschte mir alle mögliche Geschicklichkeit und konnte gar nicht begreifen, warum ich einfältiger war als die übrigen Kinder von meiner Bekanntschaft. Ich war der Verzweiflung nahe.

„Als der Tag graute, stand ich auf und öffnete, fast ohne daß ich es wußte, die Tür unserer kleinen Hütte. Ich stand auf dem freien Felde, bald darauf war ich in einem Walde, in den der Tag fast noch gar nicht hineinschien. Ich lief immerfort, ohne mich umzusehen, ich fühlte keine Müdigkeit, denn ich glaubte immer, mein Vater wurde mich doch wieder einholen und durch meine Flucht noch grausamer gegen mich werden.

[50] was not the most lavish
[51] and so; in any case
[52] attacked; set upon

„Als ich aus dem Walde wieder heraustrat, stand die Sonne schon ziemlich hoch, ich sah jetzt etwas Dunkles vor mir liegen, auf dem ein dichter Nebel lag. Bald mußte ich über Hügel klettern, bald durch einen zwischen Felsen gewundenen Weg gehen, und ich erriet[53] nun, daß ich mich wohl[54] in dem benachbarten Gebirge befinden müsse, und ich fing an, mich in der Einsamkeit zu fürchten. Denn ich hatte in der Ebene noch keine Berge gesehen, und das bloße Wort Gebirge, wenn ich davon hatte reden hören, hatte meinem kindischen Ohre äußerst fürchterlich geklungen. Ich hatte nicht das Herz,[55] zurückzugehen, sondern eben meine Angst trieb mich vorwärts; oft sah ich mich erschrocken um, wenn der Wind über mir weg durch die Bäume fuhr oder ein ferner Holzschlag weit durch den stillen Morgen hintönte. Als mir Köhler und Bergleute endlich begegneten und ich eine fremde Aussprache hörte, wäre ich vor Entsetzen fast in Ohnmacht gesunken.

„Ich kam durch mehrere Dörfer und bettelte, weil ich jetzt Hunger und Durst empfand, ich half mir so ziemlich mit meinen Antworten durch,[56] wenn ich gefragt ward. — So war ich ungefähr vier Tage fortgewandert, als ich auf einen kleinen Fußsteig geriet, der mich von der großen Straße immer mehr entfernte. Die Felsen um mich her gewannen jetzt eine andere, weit seltsamere Gestalt. Es waren Klippen, die aufeinander gepackt waren und das Ansehen hatten, als wenn sie der erste Windstoß durcheinander werfen würde. Ich wußte nicht, ob ich weiter gehen sollte. Ich hatte des Nachts immer im Walde geschlafen, denn es war gerade zur schönsten Jahreszeit, oder in abgelegenen Schäferhütten; hier traf ich aber gar keine menschliche Wohnung und konnte auch nicht vermuten, in dieser Wildnis auf eine zu stoßen, die Felsen wurden immer furchtbarer, ich mußte oft dicht an schwindlichten[57] Abgründen vorbeigehen, und endlich hörte sogar der Weg unter meinen Füßen auf. Ich war ganz trostlos, ich weinte und schrie, und in den Felsentälern hallte meine Stimme auf eine schreckliche Art zurück. Nun brach die Nacht herein,

---

[53] guessed
[54] probably
[55] did not have the courage
[56] I was just barely able to get by with my answers
[57] = *schwindeligen*

und ich suchte mir eine Moosstelle aus, um dort zu ruhen. Ich konnte nicht schlafen, die Nacht hindurch hörte ich die seltsamsten Töne, bald hielt ich es für wilde Tiere, bald für den Wind, der durch die Felsen klagte, bald[58] für fremde Vögel. Ich betete und schlief nur spät gegen Morgen ein.

„Ich erwachte, als mir der Tag ins Gesicht schien. Vor mir war ein steiler Felsen, ich kletterte in der Hoffnung hinauf, von dort den Ausgang aus der Wildnis zu entdecken und vielleicht Wohnungen oder Menschen gewahr zu werden. Als ich aber oben stand, war alles so, wie um mich her, so weit nur mein Auge reichte, alles war mit einem trüben Dufte überzogen, der Tag war grau und trübe, und keinen Baum, keine Wiese, kein Gebüsch selbst[59] konnte mein Auge entdecken, einzelne Sträucher ausgenommen, die einsam und betrübt in einigen Felsenritzen emporgeschossen waren. Es ist unbeschreiblich, welche Sehnsucht ich empfand, nur eines Menschen ansichtig zu werden, wäre es auch der fremdeste, hätte ich mich auch vor ihm fürchten müssen. Zugleich empfand ich einen peinigenden Hunger, ich setzte mich nieder und beschloß zu sterben. Aber nach einiger Zeit trug die Lust zu leben dennoch den Sieg davon, ich raffte mich auf[60] und ging unter Tränen, unter abgebrochenen Ausrufungen den ganzen Tag hindurch, am Ende war ich mich meiner kaum noch bewußt, ich war müde und erschöpft, ich wünschte kaum noch zu leben und fürchtete doch den Tod.

„Gegen Abend schien die Gegend umher etwas freundlicher zu werden, meine Gedanken, meine Wünsche lebten wieder auf, die Lust zum Leben erwachte in allen meinen Adern. Ich glaubte jetzt, das Gesause einer Mühle aus der Ferne zu hören, ich verdoppelte meine Schritte, und wie wohl, wie leicht ward mir, als ich endlich wirklich die Grenze der öden Felsen erreichte: Wälder und Wiesen mit fernen angenehmen Bergen lagen wieder vor mir. Mir war, als wenn ich aus der Hölle in ein Paradies getreten wäre, die Einsamkeit, meine Hilflosigkeit schien mir nun gar nicht fürchterlich.

„Statt der gehofften Mühle stieß ich auf einen Wasserfall, der

---

[58] Sometimes I thought it was . . ., sometimes . . ., and at other times again . . .
[59] not even brush
[60] pulled myself together

meine Freude freilich um vieles minderte, ich schöpfte mit der Hand einen Trunk aus dem Flusse, als mir plötzlich war, als hörte ich in einiger Entfernung ein leises Husten. Nie bin ich so angenehm überrascht worden als in diesem Augenblick, ich ging näher und ward an der Ecke des Waldes eine alte Frau gewahr, die sich auszuruhen schien. Sie war fast ganz schwarz gekleidet, eine schwarze Kappe bedeckte ihren Kopf und einen großen Teil des Gesichts, in der Hand hielt sie einen Krückenstock.

„Ich näherte mich ihr und bat um ihre Hilfe, sie ließ mich neben sich niedersitzen und gab mir Brot und etwas Wein. Indem ich aß, sang sie mit kreischendem Ton ein geistliches Lied. Als sie geendet hatte, sagte sie mir, ich möchte ihr folgen.[61]

„Ich war über diesen Antrag sehr erfreut, so wunderlich mir auch die Stimme und das Wesen der Alten vorkam. Mit ihrem Krückenstock ging sie ziemlich behende,[62] und bei jedem Schritte verzog sie ihr Gesicht, worüber ich im Anfange lachen mußte. Die wilden Felsen traten immer weiter hinter uns zurück, wir gingen über eine angenehme Wiese, und dann durch einen ziemlich langen Wald. Als wir heraustraten, ging die Sonne gerade unter, und ich werde den Anblick und die Empfindung dieses Abends nie vergessen. In das sanfteste Rot und Gold war alles verschmolzen, die Bäume standen mit ihren Wipfeln in der Abendröte, und über den Feldern lag der entzückende Schein, die Wälder und die Blätter der Bäume standen still, der reine Himmel sah aus wie ein aufgeschlossenes Paradies, und die Abendglocken der Dörfer tönten seltsam wehmütig über die Flur hin. Meine junge Seele bekam jetzt zuerst eine Ahnung von der Welt und ihren Begebenheiten. Ich vergaß mich und meine Führerin, mein Geist und meine Augen schwärmten nur zwischen den goldenen Wolken.

„Wir stiegen nun einen Hügel hinan, der mit Birken bepflanzt war, von oben sah man in ein kleines Tal voller Birken, mitten in den Bäumen lag eine kleine Hütte. Ein munteres Bellen kam uns entgegen, und bald sprang ein kleiner behender Hund die Alte an und wedelte, dann kam er zu mir, besah mich von allen Seiten und kehrte dann mit freundlichen Gebärden zur Alten zurück.

[61] should follow her
[62] quickly; nimbly

„Als wir vom Hügel hinunter gingen, hörte ich einen wunderbaren Gesang, der aus der Hütte zu kommen schien, wie von einem Vogel; es sang also:

,Waldeinsamkeit,[63]
Die mich erfreut,
So morgen wie heut,
In ew'ger Zeit, —
O wie mich freut
Waldeinsamkeit.'

„Diese wenigen Worte wurden beständig wiederholt; wenn ich es beschreiben soll, so war es fast, als wenn Waldhorn und Schalmei durcheinander spielen.

„Meine Neugier war außerordentlich gespannt; ohne daß ich auf den Befehl der Alten wartete, trat ich mit in die Hütte. Die Dämmerung war schon eingebrochen, alles war ordentlich aufgeräumt, einige Becher standen auf einem Wandschranke, fremdartige Gefäße auf einem Tische, in einem kleinen glänzenden Käfig hing ein Vogel am Fenster, und er war es wirklich, der die Worte sang.

„Als sie sich erholt hatte, zündete sie Licht an, deckte einen ganz kleinen Tisch und trug das Abendessen auf.

„Nach dem Abendessen betete sie, und dann wies sie mir in einer ganz kleinen Kammer ein Bett an; sie schlief in der Stube.

„Am Morgen weckte mich die Alte und wies mich bald nachher zur Arbeit an, ich mußte spinnen, und ich lernte es nun auch bald, dabei hatte ich noch für den Hund und für den Vogel zu sorgen.

„Oft ging die Alte aus und kam erst am Abend zurück, ich ging ihr dann mit dem Hunde entgegen, und sie nannte mich Kind und Tochter. Ich ward ihr endlich von Herzen gut,[64] wie sich unser Sinn denn an alles, besonders in der Kindheit, gewöhnt. In den Abendstunden lehrte sie mich lesen, ich begriff es bald, und es ward nachher in meiner Einsamkeit eine Quelle von unendlichem Vergnügen, denn sie hatte einige alte geschriebene Bücher, die wunderbare Geschichten enthielten.

[63] forest-solitude: a word coined by Tieck and frequently used by the Romanticists.
[64] I grew to like her with all my heart

„Die Erinnerung an meine damalige Lebensart ist mir noch bis jetzt immer seltsam, von keinem menschlichen Geschöpfe besucht, nur in einem so kleinen Familienzirkel einheimisch, denn der Hund und der Vogel machten denselben Eindruck auf mich, den sonst nur längst gekannte Freunde hervorbringen. Ich habe mich immer nicht wieder auf den seltsamen Namen des Hundes besinnen können, so oft ich ihn auch damals nannte.

„Vier Jahre hatte ich so mit der Alten gelebt, und ich mochte überhaupt ungefähr zwölf Jahre alt sein, als sie mir endlich mehr vertraute und mir ein Geheimnis entdeckte. Der Vogel legte nämlich an jedem Tage ein Ei, in dem sich eine Perle oder ein Edelstein befand. Ich hatte schon immer bemerkt, daß sie heimlich in dem Käfige wirtschafte, ich hatte mich aber nie darum genau bekümmert. Sie trug mir jetzt das Geschäft auf, in ihrer Abwesenheit diese Eier zu nehmen und in die fremdartigen Gefäße wohl zu verwahren. Sie ließ mir meine Nahrung zurück und blieb nun länger aus, Wochen, Monate; mein Rädchen schnurrte, der Hund bellte, der wunderbare Vogel sang, und dabei war alles so still in der Gegend umher, daß ich mich in der ganzen Zeit keines Sturmwinds, keines Gewitters erinnere. Kein Mensch verirrte sich dorthin, kein Wild kam unserer Behausung nahe, ich war zufrieden und sang und arbeitete mich von einem Tage zum andern hinüber. — Der Mensch wäre vielleicht recht glücklich, wenn er so ungesehen sein Leben bis ans Ende fortführen könnte.

„Aus dem Wenigen, was ich las, bildete ich mir ganz wunderliche Vorstellungen von der Welt und den Menschen, alles war von mir und meiner Gesellschaft hergenommen; wenn von launigen Menschen die Rede war, konnte ich sie mir nicht anders vorstellen wie den kleinen Spitz, prächtige Frauenzimmer sahen immer wie der Vogel aus, alle alte Frauen wie meine wunderliche Alte. — Ich hatte auch von Liebe etwas gelesen und spielte nun in meiner Phantasie seltsame Geschichten mit mir selber. Ich dachte mir den schönsten Ritter von der Welt, ich schmückte ihn mit allen Vortrefflichkeiten aus, ohne eigentlich zu wissen, wie er nun nach allen meinen Bemühungen aussah: aber ich konnte ein rechtes Mitleid mit mir selber haben, wenn er mich nicht wieder liebte; dann sagte ich lange rührende Reden in Gedanken her, zuweilen auch wohl laut, um ihn nur zu gewinnen. — Ihr lächelt, wir sind jetzt alle über diese Zeit der Jugend hinüber.

„Es war mir jetzt lieber, wenn ich allein war, denn dann war ich selbst die Gebieterin im Hause. Der Hund liebte mich sehr und tat alles, was ich wollte, der Vogel antwortete mir mit seinem Liede auf alle meine Fragen, mein Rädchen drehte sich immer munter, und so fühlte ich im Grunde nie einen Wunsch nach Veränderung. Wenn die Alte von ihren langen Wanderungen zurückkam, lobte sie immer meine Aufmerksamkeit, sie sagte, daß ihre Haushaltung, seit ich dazu gehöre, weit ordentlicher geführt werde, sie freute sich über mein Wachstum und mein gesundes Aussehen, kurz, sie ging ganz mit mir wie mit einer Tochter um.

„Ich war jetzt vierzehn Jahr alt, und es ist ein Unglück für den Menschen, daß er seinen Verstand nur darum bekommt, um die Unschuld seiner Seele zu verlieren. Ich begriff nämlich wohl, daß es nur auf mich ankomme,[65] in der Abwesenheit der Alten den Vogel und die Kleinodien zu nehmen und damit die Welt, von der ich gelesen hatte, aufzusuchen. Zugleich war es mir dann vielleicht möglich, den überaus schönen Ritter anzutreffen, der mir immer noch im Gedächtnisse lag.

„Im Anfange war dieser Gedanke nichts weiter als jeder andere Gedanke, aber wenn ich so an meinem Rade saß, so kam er mir immer wider Willen zurück, und ich verlor mich so darin, daß ich mich schon geputzt[66] sah und Ritter und Prinzen um mich her. Wenn ich mich dann so verloren hatte, konnte ich ordentlich betrübt werden, wenn ich wieder aufsah und mich in der kleinen engen Wohnung antraf. Wenn ich meine Geschäfte tat, bekümmerte sich die Alte nicht weiter um mich.

„An einem Tage ging meine Wirtin wieder fort und sagte mir, daß sie diesmal länger als gewöhnlich ausbleiben würde, ich solle ja auf alles recht acht geben und mir die Zeit nicht lang werden lassen. Ich nahm mit einer gewissen Bangigkeit von ihr Abschied, denn es war mir, als würde ich sie nicht wiedersehen. Ich sah ihr lange nach und wußte selbst nicht, warum ich so beängstigt war, es war fast, als wenn mein Vorhaben schon vor mir stünde, ohne mich dessen deutlich bewußt zu sein.

„Nie hab' ich des Hundes und des Vogels mit einer solchen Emsigkeit gepflegt, sie lagen mir näher am Herzen als sonst. Die

---

[65] that it was completely up to me
[66] dressed up

Alte war schon einige Tage abwesend, als ich mit dem festen Vorsatze aufstand, mit dem Vogel die Hütte zu verlassen und die sogenannte Welt aufzusuchen. Es war mir enge und bedrängt zu Sinne,[67] ich wünschte wieder da zu bleiben, und doch war mir der Gedanke widerwärtig; es war ein seltsamer Kampf in meiner Seele, wie ein Streiten von zwei widerspenstigen Geistern in mir. In dem einen Augenblick kam mir die ruhige Einsamkeit so schön vor, dann entzückte mich wieder die Vorstellung einer neuen Welt mit allen ihren wunderbaren Mannigfaltigkeiten.

„Ich wußte nicht, was ich aus mir selber machen sollte, der Hund sprang mich unaufhörlich freundlich an, der Sonnenschein breitete sich munter über die Felder aus, die grünen Birken funkelten; ich hatte die Empfindung, als wenn ich etwas sehr Eiliges zu tun hätte, ich nahm also den kleinen Hund, band ihn in der Stube fest und nahm dann den Käfig mit dem Vogel unter den Arm. Der Hund krümmte sich und winselte über diese ungewohnte Behandlung, er sah mich mit bittenden Augen an, aber ich fürchtete mich, ihn mit mir zu nehmen. Noch nahm ich eins von den Gefäßen, das mit Edelsteinen angefüllt war, und steckte es zu mir, die übrigen ließ ich stehen.

„Der Vogel drehte den Kopf auf eine wunderliche Weise, als ich mit ihm zur Tür hinaustrat, der Hund strengte sich sehr an, mir nachzukommen, aber er mußte zurückbleiben.

„Ich vermied den Weg nach den wilden Felsen, sondern ging nach der entgegengesetzten Seite. Der Hund bellte und winselte immerfort, und es rührte mich recht inniglich; der Vogel wollte einigemal zu singen anfangen, aber da er getragen ward, mußte es ihm unbequem sein.

„Sowie ich weiter ging, hörte ich das Bellen immer schwächer, und endlich hörte es ganz auf. Ich weinte und wäre beinahe wieder umgekehrt, aber die Sucht, etwas Neues zu sehen, trieb mich vorwärts.

„Schon war ich über Berge und durch einige Wälder gekommen, als es Abend ward und ich in einem Dorfe einkehren mußte. Ich war sehr blöde,[68] als ich in die Schenke trat; man wies mir eine Stube und ein Bette an, ich schlief ziemlich ruhig, nur daß ich von der Alten träumte, die mir drohte.

---

[67] I felt hemmed in and distressed
[68] confused, nervous

„Meine Reise war ziemlich einförmig, aber je weiter ich ging, je mehr ängstigte mich die Vorstellung von der Alten und dem kleinen Hunde; ich dachte daran, daß er wahrscheinlich ohne meine Hilfe verhungern müsse, im Walde glaubt' ich oft, die Alte würde mir plötzlich entgegentreten. So legte ich unter Tränen und Seufzen den Weg zurück; so oft ich ruhte und den Käfig auf den Boden stellte, sang der Vogel sein wunderliches Lied, und ich erinnerte mich dabei recht lebhaft des schönen verlassenen Aufenthalts. Wie die menschliche Natur vergeßlich ist, so glaub' ich jetzt, meine vormalige Reise in der Kindheit sei nicht so trübselig gewesen als meine jetzige, ich wünschte mich wieder in derselben Lage zu sein.

„Ich hatte einige Edelsteine verkauft und kam nun nach einer Wanderschaft von vielen Tagen in einem Dorfe an. Schon beim Eintritt ward mir wundersam zu Mute, ich erschrak und wußte nicht worüber; aber bald erkannt' ich mich, denn es war dasselbe Dorf, in welchem ich geboren war. Wie ward ich überrascht! wie liefen mir vor Freude, wegen tausend seltsamen Erinnerungen, die Tränen von den Wangen! Vieles war verändert, es waren neue Häuser entstanden, andere, die man damals erst errichtet hatte, waren jetzt in einem baufälligen Zustande, ich traf auf Brandstellen; alles war weit kleiner, gedrängter, als ich erwartet hatte. Unendlich freute ich mich darauf, meine Eltern nun nach so manchen Jahren wiederzusehen; ich fand das kleine Haus, die wohlbekannte Schwelle, der Griff der Tür war noch ganz so wie damals, es war mir, als hätte ich sie nur gestern erst angelehnt, mein Herz klopfte ungestüm, ich öffnete sie hastig — aber ganz fremde Gesichter saßen in der Stube umher und stierten mich an. Ich fragte nach dem Schäfer Martin, und man sagte mir, er sei schon seit drei Jahren mit seiner Frau gestorben. — Ich trat schnell zurück und ging laut weinend aus dem Dorfe hinaus.

„Ich hatte es mir so schön gedacht, sie mit meinem Reichtume zu überraschen, durch den seltsamsten Zufall war das nun wirklich geworden, was ich in der Kindheit immer nur träumte — und jetzt war alles umsonst, sie konnten sich nicht mit mir freuen, und das, worauf ich am meisten immer im Leben gehofft hatte, war für mich auf ewig verloren.

„In einer angenehmen Stadt mietete ich mir ein kleines Haus mit einem Garten und nahm eine Aufwärterin zu mir. So wunderbar, als ich es vermutet hatte, kam mir die Welt nicht vor, aber ich vergaß die Alte und meinen ehemaligen Aufenthalt etwas mehr, und so lebt' ich im ganzen recht zufrieden.

„Der Vogel hatte schon seit lange nicht mehr gesungen, ich erschrak daher nicht wenig, als er in einer Nacht plötzlich wieder anfing, und zwar mit einem veränderten Liede. Er sang:

>,Waldeinsamkeit,
>Wie liegst du weit!
>O, dich gereut
>Einst mit der Zeit.
>Ach einz'ge Freud',
>Waldeinsamkeit!

„Ich konnte die Nacht hindurch nicht schlafen, alles fiel mir von neuem in die Gedanken, und mehr als jemals fühlt ich, daß ich unrecht getan hatte. Als ich aufstand, war mir der Anblick des Vogels ordentlich zuwider, er sah immer nach mir hin, und seine Gegenwart ängstigte mich. Er hörte nun mit seinem Liede gar nicht wieder auf, und er sang es lauter und schallender, als er sonst gewohnt gewesen war. Je mehr ich ihn betrachtete, je bänger machte er mich, ich öffnete endlich den Käfig, steckte die Hand hinein und faßte seinen Hals, herzhaft drückte ich die Finger zusammen, und er sah mich bittend an, ich ließ los, aber er war schon gestorben. — Ich begrub ihn im Garten.

„Jetzt wandelte mich oft eine Furcht vor meiner Aufwärterin an, ich dachte an mich selbst zurück und glaubte, daß sie mich auch einst berauben oder wohl gar ermorden könne. — Schon lange kannt' ich einen jungen Ritter, der mir überaus gefiel, ich gab ihm meine Hand — und hiermit, Herr Walther, ist meine Geschichte geendigt." —

„Ihr hättet sie damals sehen sollen," fiel Eckbert hastig ein; „ihre Jugend, ihre Unschuld, ihre Schönheit, und welch einen unbegreiflichen Reiz ihr ihre einsame Erziehung gegeben hatte. Sie kam mir vor wie ein Wunder, und ich liebte sie ganz unbeschreiblich. Ich hatte kein Vermögen, aber durch ihre Liebe kam ich in diesen Wohlstand, wir zogen hierher, und unsere Verbindung hat uns bis jetzt noch keinen Augenblick gereut." —

„Aber über mein Schwatzen," fing Bertha wieder an, „ist es

schon tief in die Nacht geworden, — wir wollen uns schlafen legen!"

Sie stand auf und ging nach ihrer Kammer, Walther wünschte ihr mit einem Handkusse eine gute Nacht und sagte: „Edle Frau, ich danke Euch, ich kann mir Euch recht vorstellen, mit dem seltsamen Vogel, und wie Ihr den kleinen Strohmi füttert." —

Auch Walther legte sich schlafen, nur Eckbert ging noch unruhig im Saale auf und ab. — „Ist der Mensch nicht ein Tor?" fing er endlich an; „ich bin erst die Veranlassung, daß meine Frau ihre Geschichte erzählt, und jetzt gereut mich diese Vertraulichkeit! — Wird er sie nicht mißbrauchen? Wird er sie nicht andern mitteilen? Wird er nicht vielleicht, denn das ist die Natur des Menschen, eine unselige Habsucht nach unseren Edelgesteinen empfinden und deswegen Pläne anlegen und sich verstellen?"[69]

Es fiel ihm ein, daß Walther nicht so herzlich von ihm Abschied genommen hatte, als es nach einer solchen Vertraulichkeit wohl natürlich gewesen wäre. Wenn die Seele erst einmal zum Argwohn gespannt ist, so trifft sie auch in allen Kleinigkeiten Bestätigungen an. Dann warf sich Eckbert wieder sein unedles Mißtrauen gegen seinen wackeren Freund vor und konnte doch nicht davon zurückkehren. Er schlug sich die ganze Nacht mit diesen Vorstellungen herum und schlief nur wenig.

Bertha war krank und konnte nicht zum Frühstück erscheinen, Walther schien sich nicht viel darum zu kümmern und verließ auch den Ritter ziemlich gleichgültig. Eckbert konnte sein Betragen nicht begreifen, er besuchte seine Gattin, sie lag in einer Fieberhitze und sagte, die Erzählung in der Nacht müsse sie auf diese Art gespannt haben.

Seit diesem Abende besuchte Walther nur selten die Burg seines Freundes, und wenn er auch kam, ging er nach einigen unbedeutenden Worten wieder weg. Eckbert ward durch dieses Betragen im äußersten Grade gepeinigt, er ließ sich zwar gegen Bertha und Walther nichts davon merken, aber jeder mußte doch seine innerliche Unruhe an ihm gewahr werden.

Mit Berthas Krankheit ward es immer bedenklicher, der Arzt schüttelte den Kopf, die Röte von ihren Wangen war verschwunden, und ihre Augen wurden immer glühender. — An einem

[69] dissimulate; turn hypocrite

Morgen ließ sie ihren Mann an ihr Bette rufen, die Mägde mußten sich entfernen.

„Lieber Mann," fing sie an, „ich muß dir etwas entdecken, das mich fast um meinen Verstand gebracht hat, das meine Gesundheit zerrüttet, so eine unbedeutende Kleinigkeit es auch scheinen mag. — Du wirst dich erinnern, daß ich mich immer nicht, so oft ich von meiner Geschichte sprach, trotz aller angewandten Mühe auf den Namen des kleinen Hundes besinnen konnte, mit dem ich so lange umging. — An jenem Abende sagte Walther beim Abschiede plötzlich zu mir: ‚Ich kann mir Euch recht vorstellen, wie Ihr den kleinen Strohmi füttertet.‘ — Ist das Zufall? Hat er den Namen erraten, oder hat er ihn mit Vorsatz genannt? Und wie hängt dieser Mensch dann mit meinem Schicksale zusammen? — Zuweilen ist es mir eingefallen, ich bilde mir diesen Zufall nur ein, aber es ist gewiß, nur zu gewiß. — Ein gewaltiges Entsetzen befiel mich, als mich ein fremder Mensch so auf meine Erinnerungen half. — Was sagst du, Eckbert?"

Eckbert sah seine leidende Gattin mit einem tiefen Gefühle an, er schwieg und dachte bei sich nach, dann sagte er ihr einige tröstende Worte und verließ sie. — In einem abgelegenen Gemache ging Eckbert in einer unbeschreiblichen Unruhe auf und ab, Walther war seit vielen Jahren sein einziger Umgang gewesen, und doch war dieser Mensch jetzt der einzige in der Welt, dessen Dasein ihn drückte und peinigte. Es schien ihm, als würde ihm froh und leicht sein, wenn nur dieser einzige Mensch aus dem Wege geschafft wäre. — Er nahm seine Armbrust, um sich zu zerstreuen[70] und auf die Jagd zu gehen.

Es war ein rauher stürmischer Wintertag, tiefer Schnee lag auf den Bergen und bog die Zweige der Bäume nieder. Er streifte umher, der Schweiß stand ihm auf der Stirne, er traf auf kein Wild, und das vermehrte seinen Unmut. Plötzlich sah er sich in der Ferne etwas bewegen, es war Walther, der Moos von den Bäumen sammelte; ohne zu wissen, was er tat, legte er an,[71] Walther sah sich um und drohte mit einer stummen Gebärde, aber indem flog der Bolzen fort, und Walther stürzte nieder.

---

[70] to create a diversion for his mind; to amuse himself
[71] he took aim

Eckbert fühlte sich leicht und beruhigt, und doch trieb ihn ein Schauder nach seiner Berg zurück; er hatte einen großen Weg zu machen, denn er hatte sich weit hinein in die Wälder verirrt. — Als er ankam, war Bertha schon gestorben, sie hatte vor ihrem Tode noch viel von Walther und der Alten gesprochen.

Eckbert lebte nun eine lange Zeit in der größten Einsamkeit, er war schon sonst immer etwas schwermütig gewesen, weil ihn die seltsame Geschichte seiner Gattin etwas beunruhigte, er hatte immer schon einen unglücklichen Vorfall befürchtet, der sich ereignen könnte, aber jetzt war er ganz mit sich selber zerfallen.[72] Die Ermordung seines Freundes stand ihm unaufhörlich vor Augen, er lebte unter ewigen innern Vorwürfen.

Wie ein unruhiger Geist eilte er jetzt von Gemach zu Gemach, kein Gedanke hielt ihm stand, er eilte von entsetzlichen Vorstellungen zu noch entsetzlicheren, und kein Schlaf kam in seine Augen. Oft fiel er auf den Gedanken, daß er wahnsinnig sei und sich nur selber durch seine Einbildungskraft alles erschaffe, dann erinnerte er sich wieder der Züge Walthers, und alles ward ihm immer mehr ein Rätsel. Er beschloß, eine Reise zu machen, um seine Vorstellungen wieder zu ordnen; den Gedanken an Freundschaft, den Wunsch nach Umgang hatte er nun auf ewig aufgegeben.

Er zog fort, ohne sich einen bestimmten Weg vorzusetzen, ja er betrachtete die Gegenden nur wenig, die vor ihm lagen. Als er mit seinem Pferde einige Tage durchtrabt hatte, sah er sich plötzlich in einem Gewinde von Felsen verirrt, in denen sich nirgends ein Ausweg entdecken ließ. Endlich traf er auf einen alten Bauer, der ihm einen Ausweg, einem Wasserfall vorüber, zeigte; er wollte ihm zur Danksagung einige Münzen geben, der Bauer aber schlug sie aus. — „Was gilt's?" sagte Eckbert zu sich selber, „ich könnte mir wieder einbilden, daß dies niemand anders als Walther sei" — und indem sah er sich noch einmal um, und es war niemand anders als Walther. — Eckbert spornte sein Roß, so schnell es nur laufen konnte, durch Wiesen und Wälder, bis es erschöpft unter ihm zusammenstürzte. — Unbekümmert setzte er nun seine Reise zu Fuß fort.

[72] he was at complete variance with himself

Er stieg träumend einen Hügel hinan, es war, als wenn er ein nahes munteres Bellen hörte, Birken säuselten dazwischen, und er hörte mit wunderlichen Tönen ein Lied singen:

> Waldeinsamkeit
> Mich wieder freut,
> Mir geschieht kein Leid,
> Hier wohnt kein Neid —
> Von neuem mich freut
> Waldeinsamkeit.

Jetzt war es um das Bewußtsein, um die Sinne Eckberts geschehen,[73] er konnte sich nicht aus dem Rätsel herausfinden, ob er jetzt träume oder ehemals von einem Weibe Bertha geträumt habe, das Wunderbarste vermischte sich mit dem Gewöhnlichsten, die Welt um ihn her war verzaubert, und er keines Gedankens, keiner Erinnerung mächtig.

Eine krummgebückte Alte schlich hustend mit einer Krücke den Hügel heran. — „Bringst du meinen Vogel? meine Perlen? meinen Hund?" schrie sie ihm entgegen. „Siehe, das Unrecht bestraft sich selbst. Niemand als ich war dein Freund Walther." —

„Gott im Himmel!" sagte Eckbert stille vor sich hin, — „in welcher entsetzlichen Einsamkeit hab' ich denn mein Leben hingebracht!" —

„Und Bertha war deine Schwester."

Eckbert fiel zu Boden.

„Warum verließ sie mich tückisch? Sonst hätte sich alles gut und schön geendet, ihre Probezeit war ja schon vorüber. Sie war die Tochter eines Ritters, die er bei einem Hirten erziehen ließ, die Tochter deines Vaters."

„Warum hab' ich diesen schrecklichen Gedanken immer geahnet?" rief Eckbert aus.

„Weil du in früher Jugend deinen Vater einst davon erzählen hörtest; er durfte seiner Frau wegen diese Tochter nicht bei sich erziehen lassen, denn sie war von einem andern Weibe." —

Eckbert lag wahnsinnig in den letzten Zügen;[74] dumpf und

---

[73] Eckbert was now at his wits' end
[74] dying

verworren hörte er die Alte sprechen, den Hund bellen und den Vogel sein Lied wiederholen.

Tiecks Interesse an mittelalterlicher Kunst und Dichtung war durch seinen Freund **Wilhelm Heinrich Wackenroder** geweckt worden, den man den Schöpfer der romantischen Verklärung[75] der mittelalterlichen Kunst genannt hat. Im Jahre 1793 kamen beide auf einer Studienwanderung nach Nürnberg, der Stadt Albrecht Dürers[76] und Hans Sachs'.[77] Hier machte der noch nachwirkende[78] Zauber des deutschen Mittelalters auf sie einen tiefen Eindruck. Einige Jahre später erschienen Wackenroders „**Herzensergießungen eines kunstliebenden Klosterbruders**",[79] ein von lyrischer Begeisterung durchströmtes[80] Werk. An die Stelle des antiken Kunstideals tritt das mittelalterliche. Der Klosterbruder — eine frei erfundene[81] Gestalt — fühlt sich mit Raffael und Dürer geistesverwandt und rühmt die christlichen Maler, die die Kunst zur treuen Dienerin der Religion machten. Das Folgende ist eins der Essays, aus denen die „Herzensergießungen" bestehen:

Ehrengedächtnis unsers ehrwürdigen Ahnherrn
Albrecht Dürers

Nürnberg! du vormals weltberühmte Stadt! Wie gerne durchwanderte ich deine krummen Gassen; mit welcher kindlichen Liebe betrachtete ich deine altväterischen[82] Häuser und Kirchen,

[75] glorification; transfiguration
[76] Albrecht Dürer (1471–1528): the great German painter and engraver.
[77] Hans Sachs (1494–1576): shoemaker and mastersinger, who put together several thousand songs, stories, and plays; immortalized in Richard Wagner's "Die Meistersinger von Nürnberg."
[78] still effective
[79] The somewhat purplish title, "Outpourings of the Heart of an Art-Loving Friar," was suggested by Tieck.
[80] pervaded
[81] purely fictitious
[82] = *altväterlichen*

denen die feste Spur[83] von unsrer alten vaterländischen Kunst eingedrückt ist. Wie innig lieb' ich die Bildungen jener Zeit, die eine so derbe, kräftige und wahre Sprache führen! Wie ziehen sie mich zurück in jenes graue Jahrhundert, da Meister Hans Sachs und Adam Kraft, der Bildhauer, und vor allen Albrecht Dürer mit seinem Freunde, Wilibaldus Pirckheimer, und so viel andre hochgelobte Ehrenmänner noch lebten! Wie oft hab' ich mich in jene Zeit zurückgewünscht! Wie oft ist sie in meinen Gedanken wieder von neuem vor mir hervorgegangen,[84] wenn ich in deinen ehrwürdigen Büchersälen, Nürnberg, in einem engen Winkel,[85] beim Dämmerlicht der kleinen rundscheibigen Fenster[86] saß und über den Folianten des wackern Hans Sachs oder über anderem alten, gelben, wurmgefressenen Papier brütete; oder wenn ich unter den kühnen Gewölben deiner düstern Kirchen wandelte, wo der Tag durch buntbemalte Fenster all das Bildwerk und die Malereien der alten Zeit wunderbar beleuchtet! ...

Aber jetzt wandelt mein traurender Geist auf der geweiheten Stätte vor deinen Mauern, Nürnberg; auf dem Gottesacker, wo die Gebeine Albrecht Dürers ruhen, der einst die Zierde von Deutschland, ja von Europa war. Sie ruhen, von wenigen besucht, unter[87] zahllosen Grabsteinen, deren jeder mit einem ehernen Bildwerk, als dem Gepräge der alten Kunst, bezeichnet ist, und zwischen denen sich hohe Sonnenblumen in Menge erheben, welche den Gottesacker zu einem lieblichen Garten machen. So ruhen die vergessenen Gebeine unsers alten Albrecht Dürers, um dessentwillen[88] es mir lieb ist, daß ich ein Deutscher bin.

Wenigen muß es gegeben sein, die Seele in deinen Bildern so zu verstehen und das Eigne und Besondere darin mit solcher Innigkeit zu geniessen, als der Himmel es mir vor vielen andern vergönnt zu haben scheinet; denn ich sehe mich um und finde wenige, die mit so herzlicher Liebe, mit solcher Verehrung vor dir verweilten, als ich.

[83] stamp, mark
[84] arisen
[85] nook (in a library)
[86] roundels, bull's-eyes (of glass); cf. *Butzenscheibe*
[87] among: the construction is very loose; it may be taken to mean, "in a spot surrounded by innumerable tombstones."
[88] on whose account, because of whom

Ist es nicht, als wenn die Figuren in diesen deinen Bildern wirkliche Menschen wären, welche zusammen redeten? Ein jeglicher ist so eigentümlich gestempelt, daß man ihn aus einem großen Haufen herauskennen würde; ein jeglicher so aus der Mitte der Natur genommen, daß er ganz und gar seinen Zweck erfüllt. Keiner ist mit halber Seele da, wie man es öfters bei sehr zierlichen Bildern neuerer Meister sagen möchte; jeder ist im vollen Leben ergriffen und so auf die Tafel hingestellt. Wer klagen soll, klagt; wer zürnen soll, zürnt, wer beten soll, betet. Alle Figuren reden, und reden laut und vernehmlich. Kein Arm bewegt sich unnütz oder bloß[89] zum Augenspiel und zur Füllung des Raums; alle Glieder, alles spricht uns gleichsam mit Macht an, daß wir den Sinn und die Seele des Ganzen recht fest im Gemüte fassen. Wir glauben alles, was der kunstreiche Mann uns darstellt; und es verwischt sich nie aus unserm Gedächtnis.

Wie ist's, daß mir die heutigen Künstler unsers Vaterlands so anders erscheinen als jene preiswürdigen Männer der alten Zeit, und du vornehmlich, mein geliebter Dürer? Wie ist's, daß es mir vorkommt, als wenn ihr alle die Malerkunst weit ernsthafter, wichtiger und würdiger gehandhabt[90] hättet als diese zierlichen Künstler unsrer Tage? Mich dünkt, ich sehe euch, wie ihr nachdenkend vor eurem angefangenen Bilde stehet, — wie die Vorstellung, die ihr sichtbar machen wollt, ganz lebendig eurer Seele vorschwebt, — wie ihr bedächtlich[91] überlegt, welche Mienen und welche Stellungen den Zuschauer wohl am stärksten und sichersten ergreifen und seine Seele beim Ansehen am mächtigsten bewegen möchten, — und wie ihr dann, mit inniger Teilnahme und freundlichem Ernst, die eurer lebendigen Einbildung befreundeten Wesen auf die Tafel treu und langsam auftraget. — Aber die Neueren scheinen gar nicht zu wollen, daß man ernsthaft an dem, was sie uns vorstellen, teilnehmen solle; sie arbeiten für vornehme Herren, welche von der Kunst nicht gerührt und veredelt, sondern aufs höchste geblendet und gekitzelt sein wollen; sie bestreben sich, ihr Gemälde zu einem Probestück von recht vielen lieblichen und täuschenden Farben zu machen; sie prüfen ihren

[89] only
[90] practiced
[91] = *bedächtig*

Witz in Ausstreuung des Lichtes und Schattens; — aber die Menschenfiguren scheinen öfters bloß um der Farben und um des Lichtes willen, wahrlich ich möchte sagen, als ein notwendiges Übel im Bilde zu stehen...

Als Albrecht den Pinsel führte, da war der Deutsche auf dem Völkerschauplatz[92] unsers Weltteils noch ein eigentümlicher und ausgezeichneter Charakter von festem Bestand;[93] und seinen Bildern ist nicht nur in Gesichtsbildung und im ganzen Äußeren, sondern auch im inneren Geiste dieses ernsthafte, grade und kräftige Wesen des deutschen Charakters treu und deutlich eingeprägt. In unsern Zeiten ist dieser festbestimmte deutsche Charakter und ebenso die deutsche Kunst verloren gegangen. Der junge Deutsche lernt die Sprachen aller Völker Europas und soll prüfend und richtend[94] aus dem Geiste aller Nationen Nahrung ziehen; — und der Schüler der Kunst wird belehrt, wie er den Ausdruck Raphaels und die Farben der venezianischen Schule und die Wahrheit der Niederländer und das Zauberlicht des Correggio, alles zusammen nachahmen und auf diesem Wege zur alles übertreffenden Vollkommenheit gelangen solle.

— Die Periode der eigenen Kraft ist vorüber; man will durch ärmliches Nachahmen und klügelndes Zusammensetzen das versagende[95] Talent erzwingen, und kalte, geleckte, charakterlose Werke sind die Frucht. — Die deutsche Kunst war ein frommer Jüngling in den Ringmauern einer kleinen Stadt, unter Blutsfreunden häuslich erzogen; — nun sie älter ist, ist sie zum allgemeinen Weltmanne geworden, der mit den kleinstädtischen Sitten zugleich sein Gefühl und sein eigentümliches Gepräge von der Seele weggewischt hat.

Ich möchte um alles nicht, daß der zauberhafte Correggio oder der prächtige Paolo Veronese oder der gewaltige Buonarroti ebenso gemalt hätten als Raphael. Und eben auch stimme ich keinesweges in die Redensarten derer mit ein, welche sprechen: „Hätte Albrecht Dürer nur in Rom eine Zeitlang gehauset und die echte Schönheit und das Idealische vom Raphael abgelernt, so wäre er ein großer Maler geworden; man muß ihn bedauern

[92] "parade of nations"
[93] of solid integrity
[94] trying and passing judgment
[95] failing

und sich nur wundern, wie er es in seiner Lage noch so weit gebracht hat." Ich finde hier nichts zu bedauern, sondern freue mich, daß das Schicksal dem deutschen Boden an diesem Manne einen echt-vaterländischen Maler gegönnt hat. Er würde nicht er selber geblieben sein; sein Blut war kein italienisches Blut. Er war für das Idealische und die erhabene Hoheit eines Raphael nicht geboren; er hatte daran seine Lust, uns die Menschen zu zeigen, wie sie um ihn herum wirklich waren, und es ist ihm gar trefflich[96] gelungen.

Dennoch aber fiel es mir, als ich in meinen jüngern Jahren die ersten Gemälde vom Raphael sowohl als von dir, mein geliebter Dürer, in einer herrlichen Bildergalerie sah, wunderbar in den Sinn, wie unter allen andern Malern, die ich kannte, diese beiden eine ganz besonders nahe Verwandtschaft zu meinem Herzen hätten. Bei beiden gefiel es mir so sehr, daß sie so einfach und grade, ohne die zierlichen Umschweife anderer Maler, uns die Menschheit in voller Seele so klar und deutlich vor Augen stellen.

Ich war an dem Tage, da ich jene Bildergalerie gesehen hatte, so voll von diesem neuen Gedanken, daß ich damit einschlief und mir in der Nacht ein entzückendes Traumgesicht vorkam, welches mich noch fester in meinem Glauben bestärkte. Es dünkte mich nämlich, als wenn ich, nach Mitternacht, von dem Gemach des Schlosses, worin ich schlief, durch die dunklen Säle des Gebäudes ganz allein mit einer Fackel nach der Bildergalerie zuginge. Als ich an die Tür kam, hörte ich drinnen ein leises Gemurmel; — ich öffnete sie, — und plötzlich fuhr ich zurück, denn der ganze große Saal war von einem seltsamen Lichte erleuchtet, und vor mehreren Gemälden standen ihre ehrwürdigen Meister in leibhafter Gestalt da und in ihrer alten Tracht, wie ich sie in Bildnissen gesehen hatte. Einer von ihnen, den ich nicht kannte, sagte mir, daß sie manche Nacht vom Himmel herunterstiegen und hier und dort auf Erden in Bildersälen bei der nächtlichen Stille umherwankten[97] und die noch immer geliebten Werke ihrer Hand betrachteten. Viele italienische Maler erkannt' ich; von Niederländern sah ich sehr wenige. Ehrfurchtsvoll ging ich zwischen

[96] most admirably
[97] wandered about

ihnen durch; — und siehe! da standen, abgesondert von allen, Raphael und Albrecht Dürer Hand in Hand leibhaftig vor meinen Augen und sahen in freundlicher Ruhe schweigend ihre beisammenhängenden Gemälde an. Den göttlichen Raphael anzureden hatte ich nicht den Mut; eine heimliche ehrerbietige Furcht verschloß mir die Lippen. Aber meinen Albrecht wollte ich soeben begrüßen und meine Liebe vor ihm ausschütten; — allein in dem Augenblick verwirrte sich mit einem Getöse alles vor meinen Augen, und ich erwachte mit heftiger Bewegung.

Dieses Traumgesicht hatte meinem Gemüt innige Freude gemacht, und diese ward noch vollkommener, als ich bald nachher in dem alten Vasari[98] las, wie die beiden herrlichen Künstler auch bei ihren Lebzeiten wirklich, ohne sich zu kennen, durch ihre Werke Freunde gewesen, und wie die redlichen und treuen Arbeiten des alten Deutschen vom Raphael mit Wohlgefallen angesehen wären und er sie seiner Liebe nicht unwert geachtet hätte...

Aber ich will jetzt meine Blicke von dir nicht abwenden, mein Albrecht. Vergleichung ist ein gefährlicher Feind des Genusses; auch die höchste Schönheit der Kunst übt nur dann, wie sie soll, ihre volle Gewalt an uns aus, wenn unser Auge nicht zugleich seitwärts auf andere Schönheit blickt. Der Himmel hat seine Gaben unter die großen Künstler der Erde so verteilet, daß wir durchaus genötiget werden, vor einem jeglichen stille zu stehen und jeglichem seinen Anteil unsrer Verehrung zu opfern.

Nicht bloß unter italienischem Himmel, unter majestätischen Kuppeln und korinthischen Säulen — auch unter Spitzgewölben und gotischen Türmen wächst wahre Kunst hervor.

Friede sei mit deinen Gebeinen, mein Albrecht Dürer! und möchtest du wissen, wie ich dich lieb habe, und hören, wie ich unter der heutigen, dir fremden Welt der Herold deines Namens bin. — Gesegnet sei mir deine goldene Zeit, Nürnberg! die einzige Zeit, da Deutschland eine eigene vaterländische Kunst zu haben sich rühmen konnte. — Aber die schönen Zeitalter ziehen über die Erde hinweg und verschwinden, wie glänzende Wolken über das

---

[98] Giorgio Vasari (1511–1574), Italian architect, painter, and author; best known for his "Lives of the Most Outstanding Painters, Sculptors, and Architects."

Gewölbe des Himmels wegziehn. Sie sind vorüber, und ihrer wird nicht gedacht; nur wenige rufen sie aus innerer Liebe in ihr Gemüt zurück, aus bestäubten Büchern und bleibenden Werken der Kunst.

Friedrich von Hardenberg oder **Novalis** — er nahm den Beinamen eines Zweiges seines alten Adelsgeschlechtes an — studierte in Jena. Dort entflammte Schiller, dessen Vorlesungen er besuchte, sein idealistisches Streben.

Das große tragische Erlebnis in Novalis' kurzem Dasein ist der Tod seiner jungen Braut Sophie von Kühn, mit der er sich über die Schranken des Irdischen hinweg verbunden fühlte. Als die nur Vierzehnjährige ihm durch den Tod entrissen wurde, entstanden seine „Hymnen an die Nacht". Der Dichter wendet sich darin ab vom Tageslicht, das keine tiefe Sammlung der Sinne zuläßt, und der schweigenden Nacht zu, um über Liebe, Jenseits, Tod und Erlösung zu sinnen:

Sehnsucht nach dem Tode

Hinunter in der Erde Schoß;[99]
Weg aus des Lichtes Reichen!
Der Schmerzen Wut und wilder Stoß
Ist froher Abfahrt Zeichen.
Wir kommen in dem engen Kahn
Geschwind am Himmelsufer an.

Gelobt sei uns die ew'ge Nacht,
Gelobt der ew'ge Schlummer,
Wohl hat der Tag uns warm gemacht
Und welk der lange Kummer.
Die Lust der Fremde ging uns aus,
Zum Vater wollen wir nach Haus.

[99] womb

Was sollen wir auf dieser Welt
Mit unsrer Lieb' und Treue —
Das Alte wird hintangestellt,[100]
Was kümmert uns das Neue?
O! einsam steht und tiefbetrübt,
Wer heiß und fromm die Vorzeit liebt.

Die Vorzeit, wo die Sinne licht
In hohen Flammen brannten,
Des Vaters Hand und Angesicht
Die Menschen noch erkannten,
Und hohen Sinns,[101] einfältiglich
Noch mancher seinem Urbild glich.

Die Vorzeit, wo an Blüten reich
Uralte Stämme prangten,
Und Kinder für das Himmelreich,
Nach Tod und Qual verlangten;
Und wenn auch Lust und Leben sprach,
Doch manches Herz für Liebe brach.

Die Vorzeit, wo in Jugendglut
Gott selbst sich kundgegeben
Und frühem Tod in Liebesmut
Geweiht sein süßes Leben,
Und Angst und Schmerz nicht von sich trieb,
Damit er uns nur teuer blieb.

Mit banger Sehnsucht sehn wir sie[102]
In dunkle Nacht gehüllet,
Und hier auf dieser Welt wird nie
Der heiße Durst gestillet.
Wir müssen nach der Heimat gehn,
Um diese heil'ge Zeit zu sehn.

Was hält noch unsre Rückkehr auf —
Die Liebsten ruhn schon lange.
Ihr Grab schließt unsern Lebenslauf,

---

[100] is pushed into the background
[101] with high-mindedness
[102] i.e., *die Vorzeit*

Friedrich von Hardenberg

Nun wird uns weh und bange.
Zu suchen haben wir nichts mehr —
Das Herz ist satt, die Welt ist leer.

Unendlich und geheimnisvoll
Durchströmt uns süßer Schauer;[103]
Mir deucht, aus tiefen Fernen scholl
Ein Echo unsrer Trauer.
Die Lieben sehnen sich wohl auch
Und sandten uns der Sehnsucht Hauch.

Hinunter zu der süßen Braut,
Zu Jesus, dem Geliebten,
Getrost, die Abenddämmrung graut[104]
Den Liebenden, Betrübten.
Ein Traum bricht unsre Banden los
Und senkt uns in des Vaters Schoß.

Des Dichters Sehnsucht sollte bald erfüllt werden. Nur wenige Jahre nachdem dieses Gedicht geschrieben worden war, starb er im Alter von neunundzwanzig Jahren in den Armen seines Freundes Friedrich von Schlegel.

Kindliche Frömmigkeit spricht aus Novalis' Sammlung „Geistliche Lieder", die wie alte Kirchenlieder klingen. Drei davon sind:

Seligkeit in Jesu

Wenn ich ihn nur habe,
Wenn er mein nur ist,
Wenn mein Herz bis hin zum Grabe
Seine Treue nie vergißt:
Weiß ich nichts von Leide,
Fühle nichts als Andacht, Lieb' und Freude.

---

[103] awe

[104] dawns: note the bold statement that "dusk is dawning," reminiscent of Novalis' repeated references to a "dark light" as the goal of his longing.

Wenn ich ihn nur habe,
Laß ich alles gern,
Folg' an meinem Wanderstabe
Treugesinnt nur meinem Herrn;
Lasse still die andern[105]
Breite, lichte, volle Straßen wandern.

Wenn ich ihn nur habe,
Schlaf' ich fröhlich ein,
Ewig wird zu süßer Labe
Seines Herzens Flut[106] mir sein,
Die mit sanftem Zwingen
Alles wird erweichen und durchdringen.

Wenn ich ihn nur habe,
Hab' ich auch die Welt;
Selig wie ein Himmelsknabe,[107]
Der der Jungfrau Schleier hält.
Hingesenkt im Schauen[108]
Kann mir vor dem Irdischen nicht grauen.

Wo ich ihn nur habe,
Ist mein Vaterland;
Und es fällt mir jede Gabe
Wie ein Erbteil in die Hand;
Längst vermißte Brüder
Find' ich nun in seinen Jüngern[109] wieder.

Wenn alle untreu werden

Wenn alle untreu werden,
So bleib' ich dir doch treu;
Daß Dankbarkeit auf Erden
Nicht ausgestorben sei.
Für mich umfing dich Leiden,
Vergingst für mich[110] in Schmerz;

---

[105] other people
[106] the overflowing of his heart
[107] cherub
[108] contemplation
[109] disciples
[110] You died for me

Drum geb' ich dir mit Freuden
Auf ewig dieses Herz.

Oft muß ich bitter weinen,
Daß du gestorben bist
Und mancher von den Deinen
Dich lebenslang vergißt.
Von Liebe nur durchdrungen
Hast du so viel getan,
Und doch bist du verklungen,
Und keiner denkt daran.

Du stehst voll treuer Liebe
Noch immer jedem bei,
Und wenn dir keiner bliebe,
So bleibst du dennoch treu;
Die treuste Liebe sieget,
Am Ende fühlt man sie,
Weint bitterlich und schmieget
Sich kindlich an dein Knie.

Ich habe dich empfunden,
O! lasse nicht von mir;[111]
Laß innig mich verbunden
Auf ewig sein mit dir.
Einst schauen meine Brüder
Auch wieder himmelwärts,
Und sinken liebend nieder,
Und fallen dir ans Herz.[112]

Maria

Ich sehe dich in tausend Bildern,
Maria, lieblich ausgedrückt;
Doch keins von allen kann dich schildern,
Wie meine Seele dich erblickt.

Ich weiß nur, daß der Welt Getümmel
Seitdem mir wie ein Traum verweht,

---

[111] do not forsake me
[112] will embrace you

Und ein unnennbar süßer Himmel
Mir ewig im Gemüte steht.

※ ※

Die gleiche weihevolle Stimmung liegt über dem groß angelegten[113] Roman „**Heinrich von Ofterdingen**", der ein Bruchstück geblieben ist. Der Titelheld dieses bekanntesten Werkes von Novalis ist ein mittelalterlicher Dichter, von dem allerdings nur die Sage berichtet. Zur Zeit der Romantik betrachteten ihn manche als den Dichter des Nibelungenliedes und alte Chroniken erwähnen ihn in Verbindung mit dem „Sängerkrieg auf der Wartburg".[114] In Novalis' Roman soll Heinrich zu seinem wahren Beruf, dem des Dichters, erzogen werden. Der vordeutende[115] Traum von der blauen Blume, die zum Wahrzeichen[116] der Romantik wurde, eröffnet das Werk:

Die Eltern lagen schon und schliefen, die Wanduhr schlug ihren einförmigen Takt, vor den klappernden Fenstern sauste der Wind; abwechselnd wurde die Stube hell von dem Schimmer des Mondes. Der Jüngling lag unruhig auf seinem Lager und gedachte[117] des Fremden und seiner Erzählung. Nicht die Schätze sind es, die ein so unaussprechliches Verlangen in mir geweckt haben, sagte er zu sich selbst; fernab liegt mir[118] alle Habsucht: aber die blaue Blume sehn' ich mich zu erblicken. Sie liegt mir unaufhörlich im Sinn, und ich kann nichts anderes dichten und denken. So ist mir noch nie zumute gewesen:[119] es ist, als hätt' ich vorhin geträumt, oder ich wäre in eine andere Welt hinübergeschlummert;[120] denn in der Welt, in der ich sonst lebte, wer hätte

---

[113] grandly planned
[114] The "Wartburg," a castle near Eisenach, was the seat of the Thuringian landgraves. In 1207 the "Minstrels' Contest (*Sängerkrieg*), immortalized in Richard Wagner's "Tannhäuser," took place there.
[115] foreshadowing the events of the story
[116] symbol
[117] kept thinking
[118] far from me is
[119] I have never felt this way
[120] moved on to another world in my sleep

da sich um Blumen bekümmert, und gar von einer so seltsamen Leidenschaft für eine Blume hab' ich damals nie gehört. Wo eigentlich nur der Fremde herkam? Keiner von uns hat je einen ähnlichen Menschen gesehen; doch weiß ich nicht, warum nur ich von seinen Reden so ergriffen worden bin; die andern haben ja das nämliche gehört, und keinem ist so etwas begegnet. Daß ich auch nicht einmal[121] von meinem wunderlichen Zustande reden kann! Es ist mir oft so entzückend wohl,[122] und nur dann, wenn ich die Blume nicht recht gegenwärtig habe, befällt mich so ein tiefes, inniges Treiben: das kann und wird keiner verstehen. Ich glaubte, ich wäre wahnsinnig, wenn ich nicht so klar und hell sähe und dächte, mir ist seitdem alles viel bekannter. Ich hörte einst von alten Zeiten reden,[123] wie da die Tiere und Bäume und Felsen mit den Menschen gesprochen hätten. Mir ist gerade so, als wollten sie allaugenblicklich anfangen, und als könnte ich es ihnen ansehen, was sie mir sagen wollten. Es muß noch viele Worte geben, die ich nicht weiß: wüßte ich mehr, so könnte ich viel besser alles begreifen. Sonst tanzte ich gern; jetzt denke ich lieber nach der Musik.

Der Jüngling verlor sich allmählich in süßen Phantasien und entschlummerte. Da träumte ihm erst von unabsehlichen Fernen und wilden, unbekannten Gegenden. Er wanderte über Meere mit unbegreiflicher Leichtigkeit; wunderliche Tiere sah er; er lebte mit mannigfaltigen Menschen, bald im Kriege, in wildem Getümmel, in stillen Hütten. Er geriet in Gefangenschaft und die schmählichste Not. Alle Empfindungen stiegen bis zu einer nie gekannten Höhe in ihm. Er durchlebte ein unendlich buntes Leben, starb und kam wieder, liebte bis zur höchsten Leidenschaft und war dann wieder auf ewig von seiner Geliebten getrennt.

Endlich, gegen Morgen, wie draußen die Dämmerung anbrach, wurde es stiller in seiner Seele, klarer und bleibender wurden die Bilder. Es kam ihm vor, als ginge er in einem dunklen Walde allein. Nur selten schimmerte der Tag durch das grüne Netz. Bald kam er vor eine Felsenschlucht, die bergan stieg. Er

[121] not even
[122] I often feel so rapturously happy
[123] Once I heard someone tell about the days of old

mußte über bemooste Steine klettern, die ein ehemaliger Strom heruntergerissen hatte. Je höher er kam, desto lichter wurde der Wald. Endlich gelangte er zu einer kleinen Wiese, die am Hange des Berges lag. Hinter der Wiese erhob sich eine hohe Klippe, an deren Fuß er eine Öffnung erblickte, die der Anfang eines in den Felsen gehauenen Ganges[124] zu sein schien. Der Gang führte ihn gemächlich eine Zeitlang eben fort, bis zu einer großen Weitung, aus der ihm schon von ferne ein helles Licht entgegenglänzte.

Wie er hereintrat, ward er einen mächtigen Strahl gewahr, der wie aus einem Springquell bis an die Decke des Gewölbes stieg und oben in unzählige Funken zerstäubte, die sich unten in einem großen Becken sammelten; der Strahl glänzte wie entzündetes Gold! nicht das mindeste Geräusch war zu hören, eine heilige Stille umgab das herrliche Schauspiel. Er näherte sich dem Becken, das mit unendlichen Farben wogte und zitterte. Die Wände der Höhle waren mit dieser Flüssigkeit überzogen, die nicht heiß, sondern kühl war und an den Wänden bläuliches Licht von sich warf. Er tauchte seine Hand in das Becken und benetzte seine Lippen. Es war, als durchdränge ihn ein geistiger Hauch, und er fühlte sich innigst gestärkt und erfrischt. Ein unwiderstehliches Verlangen ergriff ihn, sich zu baden, er entkleidete sich und stieg in das Becken. Es dünkte ihn, als umflösse ihn eine Wolke des Abendrots; eine himmlische Empfindung durchströmte sein Inneres; mit inniger Wollust strebten unzählige Gedanken in ihm, sich zu vermischen; neue, nie gesehene Bilder entstanden, die auch ineinanderflossen und zu sichtbaren Wesen um ihn wurden,[125] und jede Welle des lieblichen Elements schmiegte sich wie ein zarter Busen an ihn.

Berauscht von Entzücken und doch jedes Eindrucks bewußt, schwamm er gemach dem leuchtenden Strome nach, der aus dem Becken in den Felsen hineinfloß. Eine Art von süßem Schlummer befiel ihn, in welchem er unbeschreibliche Begebenheiten träumte und woraus ihn eine andere Erleuchtung weckte. Er fand sich auf einem weichen Rasen am Rande einer Quelle, die in die Luft

---

[124] of a passage hewn through the rock
[125] turned into

hinausquoll[126] und sich darin[127] zu verzehren schien. Dunkelblaue Felsen mit bunten Adern erhoben sich in einiger Entfernung; das Tageslicht, das ihn umgab, war heller und milder als das gewöhnliche, der Himmel war schwarzblau und völlig rein. Was ihn aber mit voller Macht anzog, war eine hohe lichtblaue Blume, die zunächst an der Quelle stand und ihn mit ihren breiten, glänzenden Blättern berührte. Rund um sie her standen unzählige Blumen in allen Farben, und der köstlichste Geruch erfüllte die Luft. Er sah nichts als die blaue Blume und betrachtete sie lange mit unnennbarer Zärtlichkeit.

Endlich wollte er sich ihr nähern, als sie auf einmal sich zu bewegen und zu verändern anfing; die Blätter wurden glänzender und schmiegten sich an den wachsenden Stengel, die Blume neigte sich nach ihm zu, und die Blütenblätter zeigten einen blauen, ausgebreiteten Kragen, in welchem ein zartes Gesicht schwebte. Sein süßes Staunen wuchs mit der sonderbaren Verwandlung, als ihn plötzlich die Stimme seiner Mutter weckte und er sich in der elterlichen Stube befand, die schon die Morgensonne vergoldete.

---

[126] flowed out
[127] in it: i.e., in the air.

Die mittlere (Heidelberger) Romantik

CLEMENS MARIA BRENTANO (1778–1842)
LUDWIG ACHIM VON ARNIM (1781–1831)
JAKOB GRIMM (1785–1863)
WILHELM GRIMM (1786–1859)

In den ersten Jahren des neunzehnten Jahrhunderts begann der wissenschaftliche Ruhm der Universität Jena zu verblassen und die neuaufblühende Heidelberger Hochschule wurde ihre geistige[1] Erbin. Selbst der größere Teil der Jenenser Lehrkräfte[2] siedelte nach der Alma Mater am Neckar über. Damit wurde Heidelberg zum Mittelpunkt des kulturellen und literarischen Lebens des damaligen Deutschland. Die jungen Dichter, die sich dort zusammenfanden, befaßten sich weniger mit den theoretischen Grundlagen der neuen Bewegung als ihre Vorgänger sondern wandten ihre ganze Kraft dem dichterischen Schaffen zu.

Clemens Brentano wurde als Sohn eines wohlhabenden Kaufmanns in Frankfurt am Main geboren. Sein Vater wollte ihn in sein Geschäft aufnehmen. Er setzte es aber durch zu studieren, zog von einer Universität zur andern und betrieb seine Studien ohne Plan und Ordnung. Für das bürgerliche Leben ungeeignet, brachte er es nie zu einem eigentlichen Lebensberuf.

Brentano war eine Dichternatur von großer Ursprünglichkeit und ein wahrer Künstler der Sprache. Für jede Gefühlslage fand er das rechte Wort, besonders für das Naiv-Kindliche, das Komische und den tiefen Schmerz. Dies zeigt sich in dem Märchen „Gockel, Hinkel und Gackeleia",[3] in dem der Dichter christliche Liebestätigkeit und eine frohe Kindlichkeit über allen Reichtum der Welt stellt. Tragisch ist „**Die Geschichte vom braven Kasperl und der schönen Annerl**". Ihr Grundgedanke: Tue Deine Pflicht und gib

---

[1] intellectual and spiritual
[2] of the faculty of the University of Jena
[3] Names of characters in this fairy tale.

Clemens Brentano

Gott die Ehre. Das Folgende ist ein Auszug aus dieser bekanntesten Brentanoschen Novelle:

Es war Sommersfrühe, die Nachtigallen sangen erst seit einigen Tagen durch die Straßen und verstummten heut in einer kühlen Nacht, welche von fernen Gewittern zu uns herwehte; der Nachtwächter rief die elfte Stunde an, da sah ich, nach Hause gehend, vor der Tür eines großen Gebäudes einen Trupp von allerlei Gesellen, die vom Biere[4] kamen, um jemand, der auf den Türstufen saß, versammelt. Ihr Anteil schien mir so lebhaft, daß ich irgendein Unglück besorgte[5] und mich näherte.

Eine alte Bäuerin saß auf der Treppe, und so lebhaft die Gesellen sich um sie bekümmerten, so wenig ließ sie sich von den neugierigen Fragen und gutmütigen Vorschlägen derselben stören. Es hatte etwas sehr Befremdendes, ja schier Großes, wie die gute alte Frau so sehr wußte, was sie wollte, daß sie, als sei sie ganz allein in ihrem Kämmerlein, mitten unter den Leuten es sich unter freiem Himmel zur Nachtruhe bequem machte. Sie nahm ihre Schürze als ein Mäntelchen um, zog ihren großen schwarzen, wachsleinenen Hut tiefer in die Augen, legte sich ihr Bündel unter den Kopf zurecht und gab auf keine Frage Antwort.

„Was fehlt dieser alten Frau?" fragte ich einen der Anwesenden; da kamen Antworten von allen Seiten: „Sie kömmt sechs Meilen Weges vom Lande, sie kann nicht weiter, sie weiß nicht Bescheid in der Stadt, sie hat Befreundete am andern Ende der Stadt und kann nicht hinfinden." — „Ich wollte sie führen", sagte einer, „aber es ist ein weiter Weg, und ich habe meinen Hausschlüssel nicht bei mir. Auch würde sie das Haus nicht kennen, wo sie hin will." — „Aber hier kann die Frau nicht liegen bleiben", sagte ein Neuhinzugetretener. „Sie will aber platterdings", antwortete der erste; „ich habe es ihr längst gesagt, ich wolle sie nach Haus bringen, doch sie redet ganz verwirrt, ja sie muß wohl betrunken sein." — „Ich glaube, sie ist blödsinnig. Aber hier kann sie doch in keinem Falle bleiben", wiederholte jener, „die Nacht ist kühl und lang."

[4] drinking beer
[5] feared

Während allem diesem Gerede war die Alte, grade als ob sie taub und blind sei, ganz ungestört mit ihrer Zubereitung fertig geworden, und da der letzte abermals sagte: „Hier kann sie doch nicht bleiben", erwiderte sie, mit einer wunderlich tiefen und ernsten Stimme:

„Warum soll ich nicht hier bleiben? Ist dies nicht ein herzogliches Haus? Ich bin achtundachtzig Jahre alt, und der Herzog wird mich gewiß nicht von seiner Schwelle treiben. Drei Söhne sind in seinem Dienst gestorben, und mein einziger Enkel hat seinen Abschied genommen; — Gott verzeiht es ihm gewiß, und ich will nicht sterben, bis er in seinem ehrlichen Grab liegt."

„Achtundachtzig Jahre und sechs Meilen gelaufen!" sagten die Umstehenden, „sie ist müd' und kindisch, in solchem Alter wird der Mensch schwach."

„Mutter, Sie kann aber den Schnupfen kriegen und sehr krank werden hier, und Langeweile wird Sie auch haben", sprach nun einer der Gesellen und beugte sich näher zu ihr.

Da sprach die Alte wieder mit ihrer tiefen Stimme, halb bittend, halb befehlend:

„O laßt mir meine Ruhe und seid nicht unvernünftig; ich brauch' keinen Schnupfen, ich brauche keine Langeweile; es ist ja schon spät an der Zeit, achtundachtzig bin ich alt, der Morgen wird bald anbrechen, da geh' ich zu meinen Befreundeten. Wenn ein Mensch fromm ist und hat Schicksale und kann beten, so kann er die paar armen Stunden auch noch wohl hinbringen."

Die Leute hatten sich nach und nach verloren, und die letzten, welche noch da standen, eilten auch hinweg, weil der Nachtwächter durch die Straße kam und sie sich von ihm ihre Wohnungen wollten öffnen lassen. So war ich allein noch gegenwärtig. Die Straße ward ruhiger. Ich wandelte nachdenkend unter den Bäumen des vor mir liegenden freien Platzes auf und nieder; das Wesen der Bäuerin, ihr bestimmter, ernster Ton, ihre Sicherheit im Leben, das sie achtundachtzigmal mit seinen Jahreszeiten hatte zurückkehren sehen, und das ihr nur wie ein Vorsaal im Bethause erschien, hatten mich mannigfach erschüttert. „Was sind alle Leiden, alle Begierden meiner Brust? Die Sterne gehen ewig unbekümmert ihren Weg — wozu suche ich Erquickung und Labung, und von wem suche ich sie und für wen? Alles, was ich hier suche und liebe und erringe, wird es mich je dahin bringen, so ruhig wie diese gute, fromme Seele die Nacht auf der Schwelle des Hauses zubringen zu können, bis der Morgen erscheint, und werde ich dann den Freund finden wie sie? Ach, ich werde die Stadt gar nicht erreichen, ich werde wegemüde[6] schon in dem Sande vor dem Tore umsinken und vielleicht gar in die Hände der Räuber fallen." So sprach ich zu mir selbst, und als ich durch den Lindengang mich der Alten wieder näherte, hörte ich sie halblaut mit gesenktem Kopfe vor sich hin beten. Ich war wunderbar gerührt und trat zu ihr hin und sprach: „Mit Gott, fromme Mutter, bete Sie auch ein wenig für mich!" — bei welchen Worten ich ihr einen Taler in die Schürze warf.

Die Alte sagte hierauf ganz ruhig: „Hab' tausend Dank, mein lieber Herr, daß du mein Gebet erhört."

Ich glaubte, sie spreche mit mir, und sagte: „Mutter, habt Ihr mich denn um etwas gebeten? Ich wüßte nicht."

Da fuhr die Alte überrascht auf und sprach: „Lieber Herr, gehe Er doch nach Haus und bete Er fein und lege Er sich schlafen. Was zieht Er so spät noch auf der Gasse herum?[7] Das ist jungen Gesellen gar nichts nütze; denn der Feind geht um und suchet, wo er sich einen erfange. Es ist mancher durch solch Nachtlaufen verdorben. Wen sucht er? Den Herrn? Der ist in des Menschen Herz, so er züchtiglich lebt,[8] und nicht auf der Gasse. Sucht Er aber den Feind, so hat Er ihn schon; gehe Er hübsch nach Haus und bete Er, daß Er ihn loswerde. Gute Nacht!"

Nach diesen Worten wendete sie sich ganz ruhig nach der andern Seite und steckte den Taler in ihren Reisesack. Alles, was die Alte tat, machte einen eigentümlichen ernsten Eindruck auf mich, und ich sprach zu ihr: „Liebe Mutter, Ihr habt wohl recht, aber Ihr selbst seid es, was mich hier hält; ich hörte Euch beten und wollte Euch ansprechen, meiner dabei zu gedenken."

„Das ist schon geschehen", sagte sie; „als ich Ihn so durch den Lindengang wandeln sah, bat ich Gott, er möge Euch gute Gedanken geben. Nun habe Er sie, und gehe Er fein schlafen!"

[6] travel-weary
[7] wander about
[8] if he (i.e., man) lives righteously

Ich aber setzte mich zu ihr nieder auf die Treppe und ergriff ihre dürre Hand und sagte: „Lasset mich hier bei Euch sitzen die Nacht hindurch, und erzählet mir, woher Ihr seid, und was Ihr hier in der Stadt sucht; Ihr habt hier keine Hülfe, in Eurem Alter ist man Gott näher als den Menschen; die Welt hat sich verändert, seit Ihr jung wart." —

„Daß ich nicht wüßte",[9] erwiderte die Alte, „ich hab's mein Lebetag ganz einerlei gefunden; Er ist noch zu jung, da verwundert man sich über alles; mir ist alles schon so oft wieder vorgekommen, daß ich es nur noch mit Freuden ansehe, weil es Gott so treulich damit meinet. Aber man soll keinen guten Willen von sich weisen, wenn er einem auch grade nicht not tut,[10] sonst möchte der liebe Freund ausbleiben, wenn er ein andermal gar willkommen wäre; bleibe Er drum immer sitzen, und sehe Er, was Er mir helfen kann. Ich will Ihm erzählen, was mich in die Stadt den weiten Weg hertreibt. Ich hätt' es nicht gedacht, wieder hierher zu kommen. Es sind siebzig Jahre,[11] daß ich hier in dem Hause als Magd gedient habe, auf dessen Schwelle ich sitze, seitdem war ich nicht mehr in der Stadt; was die Zeit herumgeht! Es ist, als wenn man eine Hand umwendet. Wie oft habe ich hier am Abend gesessen vor siebzig Jahren und habe auf meinen Schatz gewartet, der bei der Garde stand! Hier haben wir uns auch versprochen. Wenn er hier — aber still, da kommt die Runde vorbei."

Als die Runde uns näher kam, wurde die gute Alte gerührt. „Ach", sagte sie, „es ist heute der sechzehnte Mai, es ist doch alles einerlei, grade wie damals, nur haben sie andere Mützen auf und keine Zöpfe mehr. Tut nichts,[12] wenn's Herz nur gut ist!" Der Offizier der Runde blieb bei uns stehen und wollte eben fragen, was wir hier so spät zu schaffen hätten, als ich den Fähnrich Graf Grossinger, einen Bekannten, in ihm erkannte. Ich sagte ihm kurz den ganzen Handel, und er sagte, mit einer Art von Erschütterung: „Hier haben Sie einen Taler für die Alte und eine Rose" — die er in der Hand trug —; „so alte Bauersleute haben Freude an Blumen." Hiermit schieden wir, denn der Posten der nah gelege-

---

[9] I wouldn't know about that; I don't think so
[10] even if one does not need it (i.e., *den guten Willen*)
[11] seventy years ago
[12] It makes no difference

nen Hauptwache, bis zu welcher ich ihn über den Platz begleitet hatte, rief: „Wer da?" Ich ging zu der Alten zurück und gab ihr die Rose und den Taler.

Die Rose ergriff sie mit einer rührenden Heftigkeit und befestigte sie sich auf ihren Hut, indem sie mit einer etwas feineren Stimme und fast weinend die Worte sprach:

>„Rosen die Blumen auf meinem Hut,
>Hätt' ich viel Geld, das wäre gut,
>Rosen und mein Liebchen."

Ich sagte zu ihr: „Ei, Mütterchen, Ihr seid ja ganz munter geworden", und sie erwiderte:

>„Munter, munter,
>Immer bunter,[13]
>
>Immer runder.
>Oben stund er,
>Nun bergunter,
>'s ist kein Wunder!

„Schau' Er, lieber Mensch, ist es nicht gut, daß ich hier sitzengeblieben? Es ist alles einerlei, glaub' Er mir; heut sind es siebzig Jahre, da saß ich hier vor der Türe, ich war eine flinke Magd und sang gern alle Lieder. Da die Runde vorbeiging, warf mir ein Grenadier im Vorübergehn eine Rose in den Schoß — die Blätter hab' ich noch in meiner Bibel liegen —, das war meine erste Bekanntschaft mit meinem seligen Mann. Am andern Morgen hatte ich die Rose vorgesteckt in der Kirche, und da fand er mich, und es ward bald richtig. Drum hat es mich gar sehr gefreut, daß mir heut wieder eine Rose ward. Es ist ein Zeichen, daß ich zu ihm kommen soll, und darauf freu' ich mich herzlich. Vier Söhne und eine Tochter sind mir gestorben, vorgestern hat mein Enkel seinen Abschied genommen — Gott helfe ihm und erbarme sich seiner! — und morgen verläßt mich eine andre gute Seele, aber was sag' ich morgen, ist es nicht schon Mitternacht vorbei?"

„Es ist zwölfe vorüber", erwiderte ich, verwundert über ihre Rede.

---

[13] more higgledy-piggledy

„Gott gebe ihr Trost und Ruhe die vier Stündlein, die sie noch hat!" sagte die Alte und ward still, indem sie die Hände faltete. Ich konnte nicht sprechen, so erschütterten mich ihre Worte und ihr ganzes Wesen. Da sie aber ganz stille blieb und der Taler des Offiziers noch in ihrer Schürze lag, sagte ich zu ihr: „Mutter, steckt den Taler zu Euch, Ihr könntet ihn verlieren."

In der von katholischer Grundstimmung getragenen[14] „Chronica eines fahrenden Schülers" — ihr Grundgedanke: Die irdische Trauer ist allein zu überwinden im trauernden Anblick der Leiden Christi — hat der Dichter seiner Mutter ein rührendes Denkmal gesetzt. Hier finden wir auch „Der Spinnerin Lied", das oft mit „Gretchens Lied am Spinnrade" in Goethes „Faust" verglichen worden ist:

Der Spinnerin Lied

Es sang vor langen Jahren
Wohl auch die Nachtigall,
Das war wohl süßer Schall,
Da wir zusammen waren.

Ich sing und kann nicht weinen
Und spinne so allein
Den Faden klar und rein,
Solang der Mond wird scheinen.

Da wir zusammen waren,
Da sang die Nachtigall,
Nun mahnet mich ihr Schall,
Daß du von mir gefahren.

So oft der Mond mag scheinen,
Gedenk ich dein allein,
Mein Herz ist klar und rein,
Gott wolle uns vereinen!

---

[14] whose basic mood derives from (the author's) Catholic faith

Seit du von mir gefahren,
Singt stets die Nachtigall,
Ich denk bei ihrem Schall,
Wie wir zusammen waren.

Gott wolle uns vereinen,
Hier spinn ich so allein,
Der Mond scheint klar und rein,
Ich sing und möchte weinen!

Als Frucht seines geistigen Ringens, das zu Brentanos Rückkehr zur Kirche führte, entstand das folgende erschütternde Gedicht:

Frühlingsschrei eines Knechtes[15] aus der Tiefe

Meister, ohne dein Erbarmen
Muß im Abgrund ich verzagen,
Willst du nicht mit starken Armen
Wieder mich zum Lichte tragen.

Jährlich greifet deine Güte
In die Erde, in die Herzen;
Jährlich weckest du die Blüte,
Weckst in mir die alten Schmerzen.

Einmal nur zum Licht geboren,
Aber tausendmal gestorben,
Bin ich ohne dich verloren,
Ohne dich in mir verdorben.

Wenn sich so die Erde reget,
Wenn die Luft so sonnig wehet,
Dann wird auch die Flut beweget,
Die in Todesbanden[16] stehet.

---

[15] serf, slave; workman: might be rendered freely as "pitman."
[16] in the bonds (the power) of death

Und in meinem Herzen schauert[17]
Ein betrübter, bittrer Bronnen;
Wenn der Frühling draußen lauert,[18]
Kommt die Angstflut angeronnen.

Weh, durch gift'ge Erdenlagen,[19]
Wie die Zeit sie[20] angeschwemmet,
Habe ich den Schacht[21] geschlagen,
Und er ist nur schwach verdämmet![22]

Wenn nun rings die Quellen schwellen,
Wenn der Grund gebährend ringet,
Brechen her die bittern Wellen,
Die kein Witz, kein Fluch mir zwinget.[23]

Andern ruf' ich: „Schwimme, schwimme!"
Mir kann dieser Ruf nicht taugen!
Denn in mir ja steigt die grimme
Sündflut,[24] bricht aus meinen Augen.

Und dann scheinen[25] bös Gezüchte
Mir die bunten Lämmer alle,
Die ich grüßte, süße Früchte,
Die mir reiften, bittre Galle.[26]

Herr, erbarme du dich meiner,
Daß mein Herz neu blühend werde!
Mein erbarmte sich noch keiner
Von den Frühlingen der Erde.

Meister, wenn dir alle Hände
Nahn[27] mit süß erfüllten Schalen,

---

[17] trembles
[18] waits; is getting ready
[19] layers (strata) of earth
[20] i.e., die *Erdenlagen*
[21] (mining) shaft
[22] shored up
[23] subdues
[24] the Flood: often (as here) mistaken as a compound formed with *Sünde*.
[25] appear as
[26] *die süßen Früchte scheinen mir bittere Galle.*
[27] approach

Kann ich mit der bittern Spende
Meine Schuld dir nimmer zahlen.

Ach, wie ich auch tiefer wühle,
Wie ich schöpfe, wie ich weine,
Nimmer ich den Schwall erspüle[28]
Zum Kristallgrund fest und reine!

Immer stürzen mir die Wände,[29]
Jede Schicht hat mich belogen,
Und die arbeitblut'gen Hände
Brennen in den bittern Wogen.

Weh, der Raum wird immer enger,
Wilder, wüster stets die Wogen;
Herr, o Herr, ich treib's nicht länger —
Schlage deinen Regenbogen!

Herr, ich mahne dich: Verschone!
Herr, ich hört' in jungen Tagen,
Wunderbare Rettung wohne —
Ach! — in deinem Blute, sagen.[30]

Und so muß ich zu dir schreien,
Schreien aus der bittern Tiefe,
Könntest du auch nie verzeihen,
Daß dein Knecht so kühnlich riefe.

Daß des Lichtes Quelle wieder
Rein und heilig in mir flute,
Träufle einen Tropfen nieder,
Jesus, mir von deinem Blute!

Durch funf Jahre verbrachte der Dichter einen großen
Teil seiner Zeit am Krankenbett der stigmatisierten Nonne

---

[28] clean out; rinse away
[29] Mining metaphors once again in this and the following line.
[30] *ich hörte sagen*: I was told

Anna Katharina Emmerich, deren Visionen er aufzeichnete und zu viel gelesenen Andachtsbüchern gestaltete.

※ ※

Achim von Arnim war Brentanos treuer Weggefährte. Im Jahre 1811 vermählte er sich mit dessen hochbegabter Schwester Bettina. (Sie ist bekannt geworden durch ihren „Briefwechsel Goethes mit einem Kinde", der sich auf ihre frühe Freundschaft mit Goethe bezieht.)

Die beiden Dichter hatte schon 1804 eine große Aufgabe zusammengeführt: Die alten Lieder des deutschen Volkes zu sammeln, zu erneuern. Und Heidelberg, wo Schloß, Landschaft und Universität deutsche Geschichte verkörpern, wurde die Geburtsstätte[31] dieser bedeutsamen Sammlung, die die Herausgeber „**Des Knaben Wunderhorn**" nannten und Goethe widmeten. Es folgen daraus zwei Lieder, die auch heute noch viel gesungen werden.

Erntelied

Es ist ein Schnitter, der heißt Tod,
Hat Gewalt vom höchsten Gott,
Heut wetzt er das Messer,
Es schneidt schon viel besser,
Bald wird er drein schneiden,
Wir müssen's nur leiden.
Hüte dich, schöns Blümelein!

Wenn ich ein Vöglein wär

Wenn ich ein Vöglein wär,
Und auch zwei Flüglein hätt,
Flög ich zu dir;
Weil's aber nicht kann sein,
Bleib ich allhier.

[31] birthplace

Achim von Arnim

Bin ich gleich[32] weit von dir,
Bin ich doch im Schlaf bei dir,
Und red mit dir;
Wenn ich erwachen tu,[33]
Bin ich allein.

Es vergeht keine Stund in der Nacht,
Da mein Herze nicht erwacht,
Und an dich gedenkt,
Daß du mir viel tausendmal
Dein Herze geschenkt.

Arnim besaß nicht die seelische Glut Brentanos, er war ausgeglichener und ruhiger in seinen Gefühlsschilderungen. Groß war seine Begabung auf epischem Gebiet. Die Erzählung „Isabella von Ägypten", mit ihrer Spuk- und Zigeunerwelt, handelt in meisterhafter Sprache und Gestaltung von der Jugendliebe Kaiser Karls V. Das beginnende sechzehnte Jahrhundert bildet auch den geschichtlichen Hintergrund des kulturhistorischen Romans „Die Kronenwächter", in dem der Zauber des ausklingenden Mittelalters verherrlicht wird. Es folgt hier Arnims humorvolle Geschichte „**Die zerbrochene Postkutsche**":

Unter gellendem Blasen des vom Überfahren[34] gequetschten[35] Posthorns schwankte die ungeheure schwarze Postkutsche wieder einmal durch die Reihen kleiner Häuser des Städtchens dem Marktplatze zu, als ob es[36] das Rathaus wäre, welches sich wieder festzusetzen Lust habe, nachdem es vor dreißig Jahren im Feuer aufgegangen war. Hier am Markte hielt die Kutsche vor dem lang ersehnten Posthause, bei Tage durch das neue Schild der

---

[32] even though
[33] when I (do) awake: non-standard German can use *tun* as an auxiliary completely parallel to English *to do*.
[34] being run over
[35] crushed
[36] i.e., the thing that came rolling along

neuen Regierung kenntlich, jetzt mitten in der Nacht, die[37] alle andren Lampen zum Himmel, als bewachende Sterne erhoben hatte, durch eine funkelnde Laterne über der Türe ausgezeichnet, zu der[38] die rot glimmende Pfeife des in der Türe stehenden Postmeisters sich wie eine schwächere Nebensonne verhielt. „Das wundert mich", sagte der Postmeister zum Postillon,[39] indem er seinen Schafpelz fester umschlug, „wie Er mit seinen Pferden bei dem Wege so glücklich durchgekommen ist. Hat Er irgendwo Vorspann genommen?" — Aber da war keine Antwort zu vernehmen, denn in der Postkutsche tobte es mit Schelten und Fluchen, wie in einer Schenke am Sonntage, einer stampfte mit den Füßen, der andere zerschlug die mürben wachstuchenen Kutschwände, der Postmeister vernahm nichts als die Worte: „Unanständigkeit! Gute Gesellschaft! Faule Fische! Seefische, Stinte, Austern, Heringe! — Ja, wie die Heringe sind wir eingepackt, aber kann ich nur erst zu meinem Hieber kommen, da will ich es gewiß nicht auf mir sitzen lassen."[40] Der Postmeister öffnete selbst die Türe der Postkutsche, aber niemand bezeigte Lust auszusteigen, so innig waren alle von dem Handel ergriffen. So mochte es noch zehn Minuten fortgetobt haben, die Pferde waren schon erlöst und latschten[41] wie auf Pantoffeln mit hängenden Köpfen durch das geöffnete Hoftor, schon wollte dem Postmeister die Geduld brechen als die Postkutsche wie das trojanische Pferd unerwartet ihren Bauch öffnete und ein großer Teil der Reisegesellschaft aus dem von dem Fußstampfen brechenden Wagenkasten mit halben und ganzen Beinen hinausrutschte. Da mußte der Postmeister lachen, daß ihm der Bauch erschütterte. „Seit dreißig Jahren", rief er, „denke ich jeden Posttag: Nun, diesmal kommt der alte Kasten nicht wieder bis zu uns, sondern bleibt unterwegs liegen, und heute geschieht's, daß er im Stillestehn auf ebenem Pflaster zusammenfällt." Keiner half den Passagieren, der Postillon rief die Magd vom Kaffeekochen, den Postsekretär vom Kopieren der Briefadressen fort, um das Mirakel zu sehen;

[37] i.e., *die Nacht*
[38] next to which (i.e., the lantern)
[39] French spelling for German *Postillion*.
[40] I will certainly not let the matter rest.
[41] shuffled along

alle standen umher und warteten der Entwicklung. Kaum aber war die Gesellschaft aus ersterem Schrecken auf festen Fuß einigermaßen hergestellt, so richtete sich aller gegenseitige Zorn gegen den Postmeister; er wurde wegen des schlechten Postwagens, wegen der schlechten Pferde abgedonnert. „Wenn Sie in England wären", rief einer, „ich machte Ihnen den Prozeß als Tierquäler und Menschenschinder." „Darum ist es gut, daß wir in deutschen Landen sind", antwortete der Postmeister sehr gefaßt; „was geht mich das an, ich habe nur über die Sache zu berichten; den Postwagen stellt[42] der Postmeister von der ersten Station, wo er ausfährt, weil er das mindeste dafür forderte;[43] nach der Vorschrift muß er noch zehn Zentner mehr tragen, als er heute geladen hatte, die Pferdestellung[44] ist meinem Nachbar als Mindestfordernden überlassen, und weil er sich mit dem Scharfrichter gut steht, so hat er freilich nur schlechte Pferde. Ihr Unglück kann mir recht lieb sein, denn ich erhalte dadurch vielleicht die Stellung des Wagens und der Pferde, Sie müssen es nur höhern Orts anzeigen." „Das werde ich auch", rief ein Passagier mit imponierender Stimme, „ich bin ohnehin vom höchsten Landeskollegio zur Untersuchung der hiesigen Gerichte abgesendet, das soll auch abgetan werden. Herr Postmeister, lassen Sie mir gleich den Herrn Stadtschreiber wecken, ich werde bei ihm schlafen." „Aber vergessen Sie nicht", rief ein junger Mann, „daß wir uns morgen sprechen."

„Ich glaube, wir haben schon zuviel über die Sache gesprochen", entgegnete der imposante Mann; „ich habe morgen viel zu tun; haben Sie nichts gesagt, habe ich auch nichts gesagt. Haben Sie nichts gehört, habe ich auch nichts gehört; wir haben vielleicht alle beide im Schlafe geredet, und damit wünsche ich eine gute Nacht." Schon war die Magd bereit, den fremden Herrn mit einer Laterne zum Stadtschreiber zu führen, während der Postillon an sein Trinkgeld erinnerte. „Keinen Pfennig geb' ich", rief der Mann, „ich werde Bericht von der ordnungswidrigen Art, wie wir gefahren sind, an mein hohes Kollegium senden." „Ich

---

[42] furnishes
[43] because his was the lowest bid.
[44] the matter of furnishing the horses

gebe auch kein Trinkgeld", rief der Student; „ich gebe mein Ehrenwort, daß keiner aus der Gesellschaft ein Trinkgeld geben soll; oder er hat es mit mir zu tun!"[45]

Die dicke Dame stimmte damit überein, auch die musikalische Familie war einstimmig, und die andern waren schon nach demselben Grundsatze heimlich davongegangen. Der Postillon drohte, der Postmeister versicherte, er lasse keinen fort, bis das Trinkgeld bezahlt sei. Da donnerte der imponierende Mann vom Hause des Stadtschreibers her; alle beschlossen, die richterliche Entscheidung im Städtchen abzuwarten, griffen nach den Felleisen und Paketen; weil aber der Postmeister diese ernstlich verteidigte, so nahm jeder, was ihm in die Hände fiel, um doch ein Unterpfand für das Seine zu besitzen; dann verteilten sie sich zwischen den beiden Wirtshäusern, die sich bei dem Lärmen eröffnet hatten...

Der erste Lärmen am Markte entstand morgens durch die Kinder des Postmeisters, die in dem zerbrochenen Postwagen Verstecken spielten und bei dieser Gelegenheit in der Ecke desselben einen ungemein alten stinkenden Krebs mit einer Inschrift gefunden hatten, die sie laut dem Postillon vorsangen:

>Wenn ihr ihn riecht, wenn ihr ihn seht,
>Ein Schneider hat ihn angenäht,
>Als Sinnbild, wie es langsam geht
>Auf diesem großen Wagen;
>Er wird's den Leuten klagen
>Nach dreien heißen Tagen.

„Also war der Herr doch nicht schuld daran", sagte der Postillon, „alle behaupteten ihm ins Gesicht, er habe verdorbene Fische in seinem Eßkober,[46] und darüber wollten sie einander mit Pistolen zu Leibe gehen; was konnte ich dazu sagen, es roch schrecklich schlecht, das war ganz richtig als ich in den Wagen die Nase steckte; ob es aber Fische oder Krebse waren, wer konnte das wissen, und wenn[47] es der Klügste war?"

Während er so späßelte,[48] kamen Frauen, die aus den Läden etwas zum Frühstück kaufen sollten, hielten ihre Gespräche,

---

[45] or he will have to deal with me.
[46] food basket
[47] even if
[48] made fun; joked

besahen sich den Krebs, stritten sich, wie alt er sei, ob der Krebs gut oder schlecht angenäht gewesen, jede wußte eine Geschichte von Krebsen, wie sie am besten gekocht würden, daß Krebse stürben, wenn ein Schwein unter dem Wagen durchliefe, auf welchem sie[49] gefahren werden, davon möchte der Krebs auch wohl gestorben sein.

Von „Des Knaben Wunderhorn" erhielten die Brüder Grimm die erste Anregung zu ihren Arbeiten über Volkspoesie. Nur wenige Monate nach dem Erscheinen des „Wunderhorns" begannen sie ihre Sammlung altdeutscher Märchen, der sie die besten Jahre ihres Lebens widmeten.

Jakob Grimm war ein Jahr älter als sein Bruder Wilhelm. Schon während ihres Rechtsstudiums[50] auf der Universität Marburg faßten **die Brüder Grimm** den Entschluß, sich in Leben und Arbeit nie zu trennen. Und wirklich lebten sie fast immer in engster Gemeinschaft,[51] wurden nach- und nebeneinander Bibliothekare, Professoren, und Akademiemitglieder. Jakob blieb unverheiratet, wurde aber in der Familie des Bruders wie ein zweiter Vater geliebt.

Mit den Brüdern Grimm beginnt die systematische wissenschaftliche Erforschung der deutschen Sprache und Sage. Gemeinsam gaben sie das „Deutsche Wörterbuch", die „Deutschen Sagen" und die **„Kinder- und Hausmärchen"** heraus, die wohl das verbreitetste Buch in deutscher Sprache sind. Daraus ist das folgende Märchen entnommen:

Vom klugen Schneiderlein

Es war einmal eine Prinzessin gewaltig stolz; kam ein Freier,[52] so gab sie ihm etwas zu raten auf, und wenn ers nicht erraten konnte, so ward er mit Spott fortgeschickt. Sie ließ auch be-

---
[49] i.e., *die Krebse*
[50] study of law
[51] association
[52] when(ever) a suitor came

kanntmachen, wer ihr Rätsel löste, sollte sich mit ihr vermählen, und möchte kommen, wer da wollte. Endlich fanden sich auch drei Schneider zusammen, davon meinten die zwei ältesten, sie hätten so manchen feinen Stich getan und hättens getroffen,[53] da könnts ihnen nicht fehlen, sie müßtens auch hier treffen; der dritte war ein kleiner unnützer Springinsfeld; der nicht einmal sein Handwerk verstand, aber meinte, er müßte dabei Glück haben, denn woher sollts ihm sonst kommen. Da sprachen die zwei andern zu ihm 'bleib nur zu Haus, du wirst mit deinem bißchen Verstande nicht weit kommen.' Das Schneiderlein ließ sich aber nicht irre machen und sagte, es hätte einmal seinen Kopf darauf gesetzt und wollte sich schon helfen, und ging dahin, als wäre die ganze Welt sein.

Da meldeten sich alle drei bei der Prinzessin und sagten, sie sollte ihnen ihre Rätsel vorlegen: es wären die rechten Leute angekommen, die hätten einen feinen Verstand, daß man ihn[54] wohl in eine Nadel fädeln könnte. Da sprach die Prinzessin 'ich habe zweierlei Haar auf dem Kopf, von was für Farben ist das?' 'Wenns weiter nichts ist', sagte der erste, 'es wird schwarz und weiß sein, wie Tuch, das man Kümmel und Salz nennt.' Die Prinzessin sprach 'falsch geraten, antworte der zweite.' Da sagte der zweite 'ists nicht schwarz und weiß, so ists braun und rot, wie meines Herrn Vaters Bratenrock.' 'Falsch geraten', sagte die Prinzessin, 'antworte der dritte, dem seh ichs an, der weiß es sicherlich.' Da trat das Schneiderlein keck hervor und sprach 'die Prinzessin hat ein silbernes und ein goldenes Haar auf dem Kopf, und das sind die zweierlei Farben.' Wie die Prinzessin das hörte, ward sie blaß, und wäre vor Schrecken beinah hingefallen, denn das Schneiderlein hatte es getroffen, und sie hatte fest geglaubt, das würde kein Mensch auf der Welt herausbringen. Als ihr das Herz wiederkam, sprach sie 'damit hast du mich noch nicht gewonnen, du mußt noch eins tun, unten im Stall liegt ein Bär, bei dem sollst du die Nacht zubringen; wenn ich dann morgen aufstehe, und du bist noch lebendig, so sollst du mich heiraten.' Sie dachte aber, damit wollte sie das Schneiderlein loswerden, denn der Bär hatte noch keinen Menschen lebendig gelassen, der

---

[53] had made out well
[54] i.e., *den feinen Verstand*

ihm unter die Tatzen gekommen war. Das Schneiderlein ließ sich nicht abschrecken, war ganz vergnügt und sprach 'frisch gewagt[55] ist halb gewonnen.'

Als nun der Abend kam, ward mein Schneiderlein hinunter zum Bären gebracht. Der Bär wollt auch gleich auf den kleinen Kerl los[56] und ihm mit seiner Tatze einen guten Willkommen geben. 'Sachte, sachte', sprach das Schneiderlein, 'ich will dich schon zur Ruhe bringen.' Da holte es ganz gemächlich, als hätt es keine Sorgen, welsche Nüsse[57] aus der Tasche, biß sie auf und aß die Kerne. Wie der Bär das sah, kriegte er Lust und wollte auch Nüsse haben. Das Schneiderlein griff in die Tasche und reichte ihm eine Handvoll; es waren aber keine Nüsse, sondern Wackersteine.[58] Der Bär steckte sie ins Maul, konnte aber nichts aufbringen, er mochte beißen, wie er wollte. 'Ei', dachte er, 'was bist du für ein dummer Klotz! kannst nicht einmal die Nüsse aufbeißen', und sprach zum Schneiderlein 'mein, beiß mir die Nüsse auf.' 'Da siehst du, was du für ein Kerl bist', sprach das Schneiderlein, 'hast so ein großes Maul und kannst die kleine Nuß nicht aufbeißen.' Da nahm er die Steine, war hurtig, steckte dafür eine Nuß in den Mund und knack, war sie entzwei. 'Ich muß das Ding noch einmal probieren', sprach der Bär, 'wenn ichs so ansehe, ich mein, ich müßts auch können.' Da gab ihm das Schneiderlein abermals Wackersteine, und der Bär arbeitete und biß aus allen Leibeskräften hinein. Aber du glaubst auch nicht, daß er sie aufgebracht hat. Wie das vorbei war, holte das Schneiderlein eine Violine unter dem Rock hervor und spielte sich ein Stückchen darauf. Als der Bär die Musik vernahm, konnte er es nicht lassen und fing an zu tanzen, und als er ein Weilchen getanzt hatte, gefiel ihm das Ding so wohl, daß er zum Schneiderlein sprach 'hör, ist das Geigen schwer?' 'Kinderleicht, siehst du, mit der Linken leg ich die Finger auf und mit der Rechten streich ich mit dem Bogen drauf los, da gehts lustig, hopsasa, vivallalera!' 'So geigen', sprach der Bär, 'das möcht ich auch verstehen, damit ich tanzen könnte, so oft ich Lust hatte. Was meinst du dazu? Willst du mir Unterricht darin geben?' 'Von

[55] boldly ventured
[56] was about to set upon the little fellow
[57] = *Walnüsse*
[58] stones, pebbles

Herzen gern', sagte das Schneiderlein, 'wenn du Geschick dazu hast. Aber weis einmal deine Tatzen her,[59] die sind gewaltig lang, ich muss dir die Nägel ein wenig abschneiden.' Da ward ein Schraubstock herbeigeholt, und der Bär legte seine Tatzen darauf, das Schneiderlein aber schraubte sie fest und sprach 'nun warte, bis ich mit der Schere komme', ließ den Bären brummen, soviel er wollte, legte sich in die Ecke auf ein Bund Stroh und schlief ein.

Die Prinzessin, als sie am Abend den Bären so gewaltig brummen hörte, glaubte nicht anders, als er brummte vor Freuden und hätte dem Schneider den Garaus gemacht.[60] Am Morgen stand sie ganz unbesorgt und vergnügt auf, wie sie aber nach dem Stall guckt, so steht das Schneiderlein ganz munter davor und ist gesund wie ein Fisch im Wasser. Da konnte sie nun kein Wort mehr dagegen sagen, weil sies öffentlich versprochen hatte, und der König ließ einen Wagen kommen, darin mußte sie mit dem Schneiderlein zur Kirche fahren, und sollte sie da vermählt werden. Wie sie eingestiegen waren, gingen die beiden andern Schneider, die ein falsches Herz hatten und ihm sein Glück nicht gönnten, in den Stall und schraubten den Bären los. Der Bär in voller Wut rannte hinter dem Wagen her. Die Prinzessin hörte ihn schnauben und brummen: es ward ihr angst und sie rief 'ach, der Bär ist hinter uns und will dich holen.' Das Schneiderlein war fix, stellte sich auf den Kopf, steckte die Beine zum Fenster hinaus und rief 'siehst du den Schraubstock? wann du nicht gehst, so sollst du wieder hinein.' Wie der Bär das sah, drehte er um und lief fort. Mein Schneiderlein fuhr da ruhig in die Kirche, und die Prinzessin ward ihm an die Hand getraut, und lebte er mit ihr vergnügt wie eine Heidelerche. Wers nicht glaubt, bezahlt einen Taler.

---

[59] *herweisen*: show, let see
[60] had done away with him

Dichter der Befreiungskriege

ERNST MORITZ ARNDT (1769–1860)
THEODOR KÖRNER (1791–1813)

Die ersten dreizehn Jahre der europäischen Geschichte des neunzehnten Jahrhunderts standen im Zeichen[1] der Vorherrschaft[2] der französischen Nation auf dem Kontinent. Napoleon wurde im Jahre 1804 zum Kaiser der Franzosen gekrönt. Im folgenden Jahre besiegte er die verbündeten Österreicher und Russen in der „Dreikaiserschlacht" bei Austerlitz. Um den westlichen Teil Deutschlands von sich abhängig zu machen, stiftete er 1806 den „Rheinbund", der sechzehn deutsche Fürsten unter dem Protektorat Frankreichs vereinigte. Dadurch wurde die Auflösung des tausendjährigen „heiligen römischen Reiches deutscher Nation" herbeigeführt. Im gleichen Jahre legte der österreichische Kaiser Franz II. auf Verlangen Napoleons die deutsche Kaiserkrone nieder.

Preußen wurde in der Schlacht bei Jena besiegt und mußte im Frieden von Tilsit (1807) die Hälfte seines Gebiets an Frankreich abtreten. Aber in dem zerstückelten und ausgesogenen Preußen begann der Reichsfreiherr vom Stein eine Reform des Heeres und der Staatsverwaltung durchzuführen. Hand in Hand mit den Staatsmännern wirkten viele bedeutende Geister Preußens, so besonders der Philosoph Fichte, der durch seine „Reden an die Deutsche Nation" tiefen Eindruck machte. Die nationale Begeisterung breitete sich von Preußen auch allmählich nach dem Süden und Westen aus. Nach der Niederlage der „Großen Armee" Napoleons im Russischen Feldzug (1813), schlossen Preußen und Rußland ein Bündnis, dem kurz darauf England, Schweden und Österreich beitraten. In der Völkerschlacht bei Leipzig[3] kam es zur entscheidenden Auseinandersetzung

---

[1] were marked by
[2] supremacy, hegemony
[3] The Battle of Leipzig, known as "the Battle of the Nations," October 16–18, 1813

der verbündeten Heere mit dem Napoleons. Er wurde gänzlich geschlagen und zum Rückzug über den Rhein gezwungen. Der „Rheinbund" löste sich auf und alle deutschen Fürsten schlossen sich zusammen und erzwangen im folgenden Jahre die Übergabe von Paris.

An der allgemeinen Erhebung Deutschlands, die zur Befreiung führte, hatten sich auch die patriotischen Romantiker, wie Heinrich von Kleist,[4] Ernst Moritz Arndt und Theodor Körner mit Wort und Tat beteiligt.

Ernst Moritz Arndt war von Geburt Schwede und studierte in Greifswald und Jena Theologie und Philosophie. Er wurde 1805 Professor der Geschichte in dem damals zu Schweden gehörigen Greifswald und verfaßte dort sein eine Kampfansage gegen Napoleon enthaltendes[5] Buch „Geist der Zeit". Als die französischen Truppen Greifswald besetzten, mußte er nach Schweden flüchten.[6]

Kurz vor Napoleons Niederlage[7] kehrte Arndt nach Deutschland zurück und wurde von der preußischen Regierung als Professor für Geschichte an die Bonner Universität berufen. Bald darauf wurde er jedoch seiner Stellung enthoben und zwar wegen einer Schrift, in der er die in allen deutschen Staaten immer stärker werdende politische Reaktion angriff. Erst 1840 setzte der preußische König Friedrich Wilhelm IV. den schon Siebzigjährigen wieder in sein Amt ein. Im Jahre 1848 wurde Arndt zum Mitglied der deutschen Nationalversammlung gewählt und zwar als Vertreter jener politischen Partei, die die Einigung Deutschlands unter Preußens Führung anstrebte. Die Erfüllung dieses Zieles erlebte jedoch der Dichter nicht mehr.

Typisch für Arndts patriotische Lyrik sind Gedichtsanfänge in Form einer direkten Frage, z.B. „Was blasen die

---

[4] Heinrich von Kleist (1777–1811): one of the most patriotic poets of this period, has been discussed in Dr. Robert Lohan's "The Golden Age of German Literature," pp. 199ff.

[5] An adjectival phrase, best rendered as a relative clause: which contained a call to battle against Napoleon

[6] By order of Maréchal Soult, dated June 22, 1808, Arndt was replaced in his chair at Greifswald, and an order for his arrest was issued.

[7] defeat

Trompeten?", „Was ist des Deutschen Vaterland?" oder „Warum ruf ich?"

Die folgende Probe aus seinen Schriften zeigt Arndts tiefen Glauben an sein Vaterland:

Die Liebe zum Vaterland

Wo dir Gottes Sonne zuerst schien, wo dir die Sterne des Himmels zuerst leuchteten, wo seine Blitze dir zuerst seine Allmacht offenbarten und seine Sturmwinde dir mit heiligen Schrecken durch die Seele brausten, da ist deine Liebe, da ist dein Vaterland.

Wo das erste Menschenaug' sich liebend über deine Wiege neigte, wo deine Mutter dich zuerst mit Freuden auf dem Schoße trug und dein Vater dir die Lehren der Weisheit ins Herz grub, da ist deine Liebe, da ist dein Vaterland.

Und seien es kahle Felsen und öde Inseln, und wohne Armut und Mühe dort mit dir, du mußt das Land ewig liebhaben; denn du bist ein Mensch und sollst nicht vergessen, sondern behalten in deinem Herzen.

Auch ist die Freiheit kein leerer Traum und kein wüster Wahn, sondern in ihr lebt dein Mut und dein Stolz und die Gewißheit, daß du vom Himmel stammest.

Da ist Freiheit, wo du leben darfst, wie es dem tapfern Herzen gefällt; wo du in den Sitten und Weisen und Gesetzen deiner Väter leben darfst; wo keine fremden Henker über dich gebieten und keine fremden Treiber dich treiben, wie man das Vieh mit dem Stecken treibt.

⚔ ⚔

Theodor Körner wurde in Dresden geboren. Er besuchte die Universität Leipzig und ging dann nach Wien, wo er nach dem Bühnenerfolg seines patriotischen, an Anspielungen auf die Zeitgeschichte reichen Trauerspiels „Zriny" als kaiserlicher Theaterdirektor angestellt wurde. Im März

Dichter der Befreiungskriege

1813 trat Körner in das Lützowsche Freikorps[8] ein und fiel im gleichen Jahre in der Schlacht.

Der edle, opferfrohe Charakter des Jünglings, der die glücklichsten Verhältnisse aufgab, um dem Vaterland zu dienen, zeigt sich in dem folgenden **Brief Theodor Körners an seinen Vater:**[9]

Wien, am 10. März 1813.

Liebster Vater! Ich schreibe Dir diesmal in einer Angelegenheit, die, wie ich das feste Vertrauen zu Dir habe, Dich weder befremden noch erschrecken wird. Neulich[10] schon gab ich Dir einen Wink[11] über mein Vorhaben, das jetzt zur Reife gediehen ist. Deutschland steht auf; der preußische Adler[12] erweckt in allen treuen Herzen durch seine kühnen Flügelschläge die große Hoffnung einer deutschen, wenigstens norddeutschen Freiheit. Meine Kunst seufzt nach ihrem Vaterlande — laß mich ihr würdiger Jünger[13] sein! Ja, liebster Vater, ich will Soldat werden, will das hier gewonnene glückliche und sorgenfreie Leben mit Freuden hinwerfen, um, sei's auch mit meinem Blute, mir ein Vaterland zu erkämpfen. — Nenn's nicht Übermut, Leichtsinn, Wildheit! — Vor zwei Jahren hätte ich es so nennen lassen; jetzt, da ich weiß, welche Seligkeit in diesem Leben reifen kann, jetzt, da alle Sterne meines Glücks in schöner Milde auf mich niederleuchten, jetzt ist es, bei Gott, ein würdiges Gefühl, das mich treibt, jetzt ist es die mächtige Überzeugung, daß kein Opfer zu groß sei für das höchste menschliche Gut, für seines Volkes Freiheit. Vielleicht sagt Dein bestochenes[14] väterliches Herz: Theodor ist zu größeren Zwecken da, er hätte auf einem anderen Felde Wichtigeres und

---

[8] At the outbreak of the War of Liberation, the Prussian General, Baron Ludwig von Lützow, organized his "free corps" (corps of volunteers) for the purpose of operating in the French rear.

[9] Theodor Körner's father, Christian Gottfried Körner, was a close friend of Schiller. When Schiller had fled from Stuttgart, he spent two years at Dresden as Körner's guest.

[10] a short time ago, the other day

[11] *einen Wink geben*: make allusion (to)

[12] eagle: the symbol of Prussia

[13] disciple

[14] prejudiced; biased

Bedeutendes leisten können, er ist der Menschheit noch ein großes Pfund zu berechnen schuldig. Aber, Vater, meine Meinung ist die: zum Opfertode für die Freiheit und für die Ehre seiner Nation ist keiner zu gut, wohl aber sind viele zu schlecht dazu! — Hat mir Gott wirklich etwas mehr als gewöhnlichen Geist eingehaucht, der unter Deiner Pflege denken lernte, wo ist der Augenblick, wo ich ihn mehr geltend machen kann? — Eine große Zeit will große Herzen, und fühl' ich die Kraft in mir, eine Klippe[15] sein zu können in dieser Völkerbrandung,[16] ich muß hinaus und dem Wogensturm[17] die mutige Brust entgegendrücken. — Soll ich in feiger Begeisterung meinen siegenden Brüdern meinen Jubel nachleiern?[18] — Soll ich Komödien schreiben auf dem Spott-Theater,[19] wenn ich den Mut und die Kraft mir zutraue, auf dem Theater des Ernstes mitzusprechen? — Ich weiß, Du wirst manche Unruhe erleiden müssen, die Mutter wird weinen! Gott tröste sie! ich kann's Euch nicht ersparen. Des Glückes Schoßkind rühmt' ich mich bis jetzt, es wird mich jetzo nicht verlassen. — Daß ich mein Leben wage, das gilt nicht viel; daß aber dies Leben mit allen Blütenkränzen der Liebe, der Freundschaft, der Freude geschmückt ist, und daß ich es doch wage, daß ich die süße Empfindung hinwerfe, die mir in der Überzeugung lebte, Euch keine Unruhe, keine Angst zu bereiten, das ist ein Opfer, dem nur ein solcher Preis entgegengestellt werden[20] darf. — Sonnabends oder Montags reise ich von hier ab, wahrscheinlich in freundlicher Gesellschaft, vielleicht schickt mich auch Humboldt[21] als Kurier. In Breslau, als dem Sammelplatze, treffe ich zu den freien Söhnen Preußens, die in schöner Begeisterung sich zu den Fahnen ihres Königs gesammelt haben. Ob zu Fuß oder zu Pferd, darüber bin ich noch nicht entschieden und kommt einzig auf die Summe Geldes an, die ich zusammenbringe. Wegen meiner hiesigen An-

---

[15] cliff; rock (of steadfastness)
[16] Literally: surf of peoples; translate: tidal wave of nations
[17] raging waves
[18] grind out from behind
[19] mock stage
[20] held up to
[21] Baron Wilhelm von Humboldt (1767–1835), German philologist, for a time in the Prussian diplomatic service, older brother of the naturalist Alexander von Humboldt (1769–1859).

stellung weiß ich noch nichts gewiß, vermutlich gibt mir der Fürst Urlaub, wo nicht,[22] es gibt in der Kunst keine Ancienneté,[23] und komm' ich wieder nach Wien, so hab' ich doch das sichere Versprechen des Grafen Palffy, das in ökonomischer Hinsicht noch mehr Vorteile gewährt. — Toni hat mir auch bei dieser Gelegenheit ihre große edle Seele bewiesen. Sie weint wohl, aber der geendigte Feldzug wird ihre Tränen schon trocknen. Die Mutter soll mir ihren Schmerz vergeben, wer mich liebt, soll mich nicht verkennen, und Du wirst mich Deiner würdig finden.

Dein Theodor.

Nach Körners Tod gab sein Vater die Sammlung seiner Gedichte unter dem Titel „Leier und Schwert" heraus. Ein Gedicht aus dieser Sammlung folgt hier:

Gebet während der Schlacht

Vater, ich rufe dich!
Brüllend umwölkt[24] mich der Dampf der Geschütze,
Sprühend umzucken mich[25] rasselnde Blitze.
Lenker der Schlachten, ich rufe dich!
Vater du, führe mich!

Vater du, führe mich!
Führ' mich zum Siege, führ' mich zum Tode:
Herr, ich erkenne deine Gebote!
Herr, wie du willst, so führe mich.
Gott, ich erkenne dich!

Gott, ich erkenne dich!
So im herbstlichen Rauschen der Blätter
Als im Schlachtendonnerwetter,[26]
Urquell der Gnade, erkenn' ich dich.
Vater du, segne mich!

[22] if not
[23] right of seniority
[24] surrounds; enshrouds
[25] flash around me
[26] thunder storm of battle

Theodor Körner

    Vater du, segne mich!
In deine Hand befehl' ich mein Leben,
Du kannst es nehmen, du hast es gegeben;
    Zum Leben, zum Sterben segne mich;
        Vater, ich preise[27] dich!

    Vater, ich preise dich!
'S ist ja kein Kampf für die Güter der Erde;
Das Heiligste schützen wir mit dem Schwerte:
    Drum fallend und siegend preis' ich dich;
        Gott, dir ergeb' ich mich!

    Gott, dir ergeb' ich mich!
Wenn mich die Donner des Todes begrüßen,
Wenn meine Adern geöffnet fließen;
    Dir, mein Gott, dir ergeb' ich mich!
        Vater, ich rufe dich!

---

[27] praise

Die jüngere (Berliner) Romantik
ADELBERT VON CHAMISSO (1781–1838)
JOSEPH VON EICHENDORFF (1788–1857)
FRIEDRICH DE LA MOTTE-FOUQUÉ (1777–1843)
ERNST THEODOR AMADEUS HOFFMANN (1776–1822)
FRIEDRICH RÜCKERT (1788–1866)

Der Erschütterung der politischen und sozialen Verhältnisse und der Anspannung, die die Zeit der Befreiungskriege von jedem Einzelnen gefordert hatte, folgte eine gewisse Entspannung und Ermattung, die sich in der deutschen Literatur bemerkbar machte. Dann aber bekannten sich[1] mehrere junge Dichter noch einmal zur Fahne der Romantik.
Adelbert von Chamisso war von Geburt Franzose, hatte in Berlin eine neue Heimat gefunden und fühlte sich durchaus als Deutscher. Seine Familie hatte während der französischen Revolution nach Deutschland fliehen müssen, wo der junge Adelbert seine Studien vollendete und dann als Offizier im preußischen Heere diente. Im Jahre 1806 trat er aus der Armee aus und widmete sich ganz naturwissenschaftlichen Studien. In deren Verfolg nahm er auch an einer Forschungsreise teil, die ihn nach Südamerika, Kalifornien, sowie den Inseln des Atlantischen und Großen Ozeans führte. Nach seiner Rückkehr wurde er Vorsteher der königlichen Herbarien in Berlin.
Chamissos Lyrik und besonders seine Balladen sind oft volkstümlich im Ton und gelegentlich scharmant humoristisch. Wo sie ernst gemeint sind, wirken sie leicht süßlich. Dagegen hat Chamissos Meisternovelle „**Peter Schlemihls wundersame Geschichte**" ihren hohen Rang bewahrt und wird auch heute noch viel gelesen. Im Helden dieses symbolischen Werkleins stellt sich der Dichter selber dar:

Nach einer glücklichen, jedoch für mich sehr beschwerlichen Seefahrt erreichten wir endlich den Hafen. Sobald ich mit dem

[1] vowed allegiance to: followed

Boote ans Land kam, belud ich mich selbst mit meiner kleinen Habseligkeit,[2] und durch das wimmelnde Volk mich drängend, ging ich in das nächste geringste Haus hinein, vor dem ich ein Schild hängen sah. Ich begehrte[3] ein Zimmer. Der Hausknecht maß mich mit einem Blick und führte mich unters Dach. Ich ließ mir frisches Wasser geben und genau beschreiben, wo ich den Herrn Thomas John aufzusuchen habe. „Vor dem Nordertor, das erste Landhaus zur rechten Hand, ein großes neues Haus von rot und weißem Marmor mit vielen Säulen."

Gut. Es war noch früh an der Zeit. Ich schnürte sogleich mein Bündel auf, nahm meinen neugewandten[4] schwarzen Rock heraus, zog mich reinlich an in meine besten Kleider, steckte das Empfehlungsschreiben zu mir und setzte mich alsbald auf den Weg zu dem Manne, der mir bei meinen bescheidenen Hoffnungen förderlich sein sollte.

Nachdem ich die lange Norderstraße hinaufgestiegen und das Tor erreicht, sah ich bald die Säulen durch das Grüne schimmern. Also hier! dachte ich. Ich wischte den Staub von meinen Füßen mit meinem Schnupftuch ab, setzte mein Halstuch in Ordnung und zog in Gottes Namen die Klingel. Die Tür sprang auf. Auf dem Flur hatte ich ein Verhör zu bestehen. Der Portier ließ mich aber anmelden, und ich hatte die Ehre, in den Park gerufen zu werden, wo Herr John mit einer kleinen Gesellschaft sich erging. Ich erkannte den Mann gleich am Glanze seiner wohlbeleibten Selbstzufriedenheit. Er empfing mich sehr gut, wie ein Reicher einen armen Teufel, wandte sich sogar gegen mich, ohne sich jedoch von der übrigen Gesellschaft abzuwenden, und nahm mir den dargehaltenen Brief aus der Hand.

„So, so! Von meinem Bruder! Ich habe lange nichts von ihm gehört. Er ist doch gesund? — Dort," fuhr er gegen die Gesellschaft fort, ohne die Antwort zu erwarten, und wies mit dem Brief auf einen Hügel, „dort lasse ich das neue Gebäude aufführen." Er brach das Siegel auf und das Gespräch nicht ab, das sich auf den Reichtum lenkte. „Wer nicht Herr ist wenigstens einer halben Million," warf er hinein, „der ist — man verzeihe mir das Wort — ein Schuft!"

[2] all my belongings
[3] asked for
[4] newly turned inside out (so it looked like newly made)

„O wie wahr!" rief ich aus mit vollem überströmendem Gefühl. Das mußte ihm gefallen. Er lächelte mich an und sagte: „Bleiben Sie nur hier, lieber Freund! Nachher hab ich vielleicht Zeit, Ihnen zu sagen, was ich hiezu denke." Er deutete auf den Brief, den er sodann einsteckte, und wandte sich wieder zu der Gesellschaft. Er bot einer jungen Dame den Arm. Andere Herren bemühten sich um andere Schöne. Es fand sich, was sich paßte,[5] und man wallte dem rosenumblühten[6] Hügel zu.

Ich schlich hinterher, ohne jemandem beschwerlich zu fallen, denn keine Seele bekümmerte sich weiter um mich. Die Gesellschaft war sehr aufgeräumt. Es ward getändelt und gescherzt. Man sprach zuweilen von leichtsinnigen Dingen[7] wichtig,[8] von wichtigen öfters leichtsinnig, und gemächlich erging besonders der Witz über abwesende Freunde und deren Verhältnisse. Ich war da zu fremd, um von alledem vieles zu verstehen, zu bekümmert und in mich gekehrt,[9] um den Sinn auf solche Rätsel zu haben.

Wir hatten den Rosenhain erreicht. Die schöne Fanny, wie es schien, die Herrin des Tages, wollte aus Eigensinn einen blühenden Zweig selbst brechen. Sie verletzte sich an einem Dorn, und wie von dunklen Rosen floß Purpur auf ihre zarte Hand. Dieses Ereignis brachte die ganze Gesellschaft in Bewegung. Es wurde Englisch-Pflaster[10] gesucht. Ein stiller dünner hagerer länglicher ältlicher Mann, der neben mitging und den ich noch nicht bemerkt hatte, steckte sogleich die Hand in die knapp anliegende[11] Schoßtasche seines altfränkischen grautaftenen[12] Rockes, brachte eine kleine Brieftasche daraus hervor, öffnete sie und reichte der Dame mit devoter[13] Verbeugung das Verlangte. Sie empfing es ohne Aufmerksamkeit für den Geber und ohne Dank. Die Wunde ward verbunden, und man ging weiter, den Hügel hinan, von

---

[5] They came together who belonged together, i.e., each person found a suitable partner
[6] covered with blooming roses
[7] trifling things
[8] in important tones of voice
[9] lost in thought; cf. "introvert"
[10] court-plaster
[11] tight-fitting
[12] of grey taffeta
[13] humble; polite

dessen Rücken man die weite Aussicht über das grüne Labyrinth des Parkes nach dem unermeßlichen Ozean genießen wollte.

Der Anblick war wirklich groß und herrlich. Ein lichter Punkt erschien am Horizont zwischen der dunklen Flut und der Bläue des Himmels. „Ein Fernrohr her!" rief Herr John, und noch bevor das auf den Ruf erscheinende Dienervolk in Bewegung kam, hatte der graue Mann, bescheiden sich verneigend, die Hand schon in die Rocktasche gesteckt, daraus einen schönen Dollond[14] hervorgezogen und es dem Herrn John eingehändigt. Dieser, es sogleich an das Auge bringend, benachrichtigte die Gesellschaft, es sei das Schiff, das gestern ausgelaufen und das widrige Winde im Angesicht des Hafens zurückhielten. Das Fernrohr ging von Hand zu Hand und nicht wieder in die des Eigentümers. Ich aber sah verwundert den Mann an und wußte nicht, wie die große Maschine aus der winzigen Tasche herausgekommen war. Es schien aber niemandem aufgefallen zu sein, und man bekümmerte sich nicht mehr um den grauen Mann als um mich selber.

Erfrischungen wurden gereicht, das seltenste Obst aller Zonen in den kostbarsten Gefäßen. Herr John machte die Honneurs mit leichtem Anstand und richtete da zum zweitenmal ein Wort an mich: „Essen Sie nur! Das haben Sie auf der See nicht gehabt." Ich verbeugte mich, aber er sah es nicht; er sprach schon mit jemand anderm.

Man hätte sich gern auf den Rasen am Abhange des Hügels der ausgespannten Landschaft gegenüber gelagert, hätte man die Feuchtigkeit der Erde nicht gescheut. Es wäre göttlich, meinte wer aus der Gesellschaft, wenn man türkische Teppiche hätte, sie hier auszubreiten. Der Wunsch war nicht sobald ausgesprochen, als schon der Mann im grauen Rock die Hand in der Tasche hatte und mit bescheidener, ja demütiger Gebärde einen reichen golddurchwirkten türkischen Teppich daraus zu ziehen bemüht war. Bediente nahmen ihn in Empfang, als müsse es so sein, und entfalteten ihn am begehrten Orte. Die Gesellschaft nahm ohne Umstände[15] Platz darauf. Ich wiederum sah betroffen den Mann,

---

[14] Telescope bearing the name of the English optician, Peter Dollond (1730-1820)
[15] without ado, as a matter of course

die Tasche, den Teppich an, der über zwanzig Schritte in der Länge und zehn in der Breite maß, und rieb mir die Augen, nicht wissend, was ich dazu denken sollte, besonders da niemand etwas Merkwürdiges darin fand.

Ich hätte gern Aufschluß über den Mann gehabt und gefragt, wer er sei, nur wußte ich nicht, an wen ich mich richten sollte, denn ich fürchtete mich fast noch mehr vor den Herren Bedienten als vor den bedienten Herren. Ich faßte mir endlich ein Herz[16] und trat an einen jungen Menschen heran, der mir von minderem Ansehen schien als die Andern und der öfter allein gestanden hatte. Ich bat ihn leise, mir zu sagen, wer der gefällige Mann sei dort im grauen Kleide.

„Dieser, der wie ein Ende Zwirn aussieht, das einem Schneider aus der Nadel entlaufen ist?" — „Ja, der allein steht." — „Den kenn ich nicht!" gab er mir zur Antwort, und, wie es schien, um eine längere Unterhaltung mit mir zu vermeiden, wandte er sich weg und sprach von gleichgültigen Dingen mit einem andern.

Die Sonne fing jetzt stärker zu scheinen an und ward den Damen beschwerlich. Die schöne Fanny richtete nachlässig an den grauen Mann, den, soviel ich weiß, noch niemand angeredet hatte, die leichtsinnige Frage, ob er nicht auch vielleicht ein Zelt bei sich habe? Er beantwortete sie durch eine so tiefe Verbeugung, als widerführe ihm eine unverdiente Ehre, und hatte schon die Hand in der Tasche, aus der ich Zeuge,[17] Stangen, Schnüre, Eisenwerk, kurz alles, was zu dem prachtvollsten Lustzelt gehört, herauskommen sah. Die jungen Herren halfen es ausspannen,[18] und es überhing die ganze Ausdehnung des Teppichs — und keiner fand noch etwas Außerordentliches darin.

Mir war schon lang unheimlich, ja graulich zumute; wie ward mir vollends, als beim nächst ausgesprochenen Wunsch ich ihn noch aus seiner Tasche drei Reitpferde, ich sage Dir, drei schöne große Rappen mit Sattel und Zeug[19] herausziehen sah! Denke Dir, um Gottes willen, drei gesattelte Pferde noch aus derselben Tasche, woraus schon eine Brieftasche, ein Fernrohr, ein gewirkter Teppich, zwanzig Schritte lang und zehn breit, ein Lustzelt von derselben Größe und alle dazu gehörigen Stangen und Eisen

---

[16] *sich ein Herz fassen*: to take courage
[17] cloths; pieces of canvas
[18] set up
[19] harness

herausgekommen waren! Wenn ich Dir nicht beteuerte, es selbst mit eigenen Augen angesehen zu haben, würdest Du es gewiß nicht glauben.

So verlegen und demütig der Mann selbst zu sein schien, so wenig Aufmerksamkeit ihm auch die andern schenkten, so ward mir doch seine bloße Erscheinung, von der ich kein Auge abwenden konnte, so schauerlich, daß ich sie nicht länger ertragen konnte. Ich beschloß, mich aus der Gesellschaft zu stehlen, was mir bei der unbedeutenden Rolle, die ich darinnen spielte, ein leichtes schien. Ich wollte nach der Stadt zurückkehren, am andern Morgen mein Glück beim Herrn John wieder versuchen und, wenn ich den Mut dazu fände, ihn über den seltsamen grauen Mann befragen. Wäre es mir nur so zu entkommen geglückt!

Ich hatte mich schon wirklich durch den Rosenhain, den Hügel hinab, glücklich geschlichen und befand mich auf einem freien Rosenplatz, als ich aus Furcht, außerhalb der Wege durchs Gras gehend angetroffen zu werden, einen forschenden Blick um mich warf. Wie erschrak ich, als ich den Mann im grauen Rock hinter mir her und auf mich zu kommen sah. Er nahm sogleich den Hut vor mir ab und verneigte sich so tief, wie es noch niemand vor mir getan hatte. Es war kein Zweifel: er wollte mich anreden, und ich konnte, ohne grob zu sein, es nicht vermeiden. Ich nahm den Hut auch ab, verneigte mich wieder und stand da in der Sonne mit bloßem Haupt wie angewurzelt. Ich sah ihn voller Furcht stier an und war wie ein Vogel, den eine Schlange gebannt hat. Er selber schien sehr verlegen zu sein. Er hob den Blick nicht auf, verbeugte sich zu verschiedenen Malen, trat näher und redete mich an mit leiser unsicherer Stimme, ungefähr im Tone eines Bettelnden.

„Möge der Herr meine Zudringlichkeit entschuldigen, wenn ich es wage, ihn so unbekannterweise aufzusuchen. Ich habe eine Bitte an ihn. Vergönnen Sie gnädigst ..." — „Aber um Gottes willen, mein Herr," brach ich in meiner Angst aus, „was kann ich für einen Mann tun, der ..." Wir stutzten beide und wurden, wie mir deucht, rot.

Er nahm nach einem Augenblick Schweigen wieder das Wort: „Während der kurzen Zeit, wo ich das Glück genoß, mich in Ihrer Nähe zu befinden, hab ich, mein Herr, einigemal — erlauben Sie, daß ich es Ihnen sage! — wirklich mit unaussprechlicher Bewunderung den schönen, schönen Schatten betrachten können, den Sie in der Sonne und gleichsam mit einer gewissen edlen Verachtung, ohne selbst darauf zu merken, von sich werfen, den herrlichen Schatten da zu Ihren Füßen! Verzeihen Sie mir die freilich kühne Zumutung. Sollten Sie sich wohl nicht abgeneigt finden, mir diesen Ihren Schatten zu überlassen?"

Er schwieg, und mir ging's wie ein Mühlrad im Kopfe herum. Was sollte ich aus dem seltsamen Antrag machen, mir meinen Schatten abzukaufen? Er muß verrückt sein, dachte ich, und mit verändertem Tone, der zu der Demut des seinigen besser paßte, erwiderte ich also:

„Ei, ei, guter Freund, habt Ihr denn nicht an Eurem eignen Schatten genug? Das heiß ich mir einen Handel von einer ganz absonderlichen Sorte!" Er fiel sogleich wieder ein: „Ich hab in meiner Tasche manches, was dem Herrn nicht ganz unwert scheinen möchte. Für diesen unschätzbaren Schatten halte ich den höchsten Preis zu gering."

Nun überlief es mich wieder kalt,[20] da ich an die Tasche erinnert ward, und ich wußte nicht, wie ich ihn hatte „guter Freund" nennen können. Ich nahm wieder das Wort und suchte es, womöglich, mit unendlicher Höflichkeit wiedergutzumachen.

„Aber, mein Herr, verzeihen Sie Ihrem untertänigsten Knecht! Ich verstehe wohl Ihre Meinung nicht ganz gut? Wie könnte ich nur meinen Schatten . . ." Er unterbrach mich: „Ich erbitte mir nur Dero[21] Erlaubnis, hier auf der Stelle diesen edlen Schatten von der Erde aufheben zu dürfen und zu mir zu stecken. Wie ich das mache, sei meine Sorge. Dagegen als Beweis meiner Erkenntlichkeit gegen den Herrn überlasse ich ihm die Wahl unter allen Kleinodien, die ich in der Tasche bei mir führe: die echte Springwurzel,[22] die Alraunwurzel, Wechselpfennige,[23] Raubtaler,[24] das Tellertuch von Rolands Knappen,[25] ein Galgenmännlein, zu

[20] cold shivers ran down my spine
[21] = *deren, derer*: Your, Your Excellency's
[22] caper spurge, bursting root: a plant said to have the power of opening locks and making its owner invisible.
[23] magic pennies: they had the power of always returning to their owner.
[24] magic dollars: they drew other coins into their owner's purse.
[25] napkin of Roland's page: a cloth on which any desired food or drink would instantly appear.

beliebigem Preis. Doch das wird wohl nichts für Sie sein. Besser: Fortunati[26] Wünschhütlein, neu und haltbar wieder restauriert; oder ein Glückssäckel,[27] wie der seine gewesen."[28] — „Fortunati Glückssäckel!" fiel ich ihm in die Rede, und wie groß meine Angst auch war, er hatte mit dem einen Wort meinen ganzen Sinn gefangen. Ich bekam einen Schwindel, und es flimmerte mir wie doppelte Dukaten vor den Augen.

„Belieben gnädigst der Herr[29] diesen Säckel zu besichtigen und zu erproben!" Er steckte die Hand in die Tasche und zog einen mäßig großen festgenähten Beutel von starkem Korduanleder an zwei tüchtigen[30] ledernen Schnüren heraus und händigte mir selbigen ein. Ich griff hinein und zog zehn Goldstücke daraus, und wieder zehn, und wieder zehn, und wieder zehn. Ich hielt ihm schnell die Hand hin: „Topp! Der Handel gilt![31] Für den Beutel haben Sie meinen Schatten."

Er schlug ein,[32] kniete dann ungesäumt vor mir nieder, und mit einer bewunderswürdigen Geschicklichkeit sah ich ihn meinen Schatten, vom Kopf herab bis zu meinen Füßen, leise von dem Grase lösen, aufheben, zusammenrollen und falten und zuletzt einstecken. Er stand auf, verbeugte sich noch einmal vor mir und zog sich nach dem Rosengebüsche zurück. Mich dünkte, ich hörte ihn da leise für sich lachen. Ich aber hielt den Beutel bei den Schnüren fest. Rund um mich her war die Erde sonnenhell, und in mir war noch keine Besinnung.

Ich kam endlich wieder zu Sinnen und eilte diesen Ort zu verlassen, wo ich hoffentlich nichts mehr zu tun hatte. Ich füllte erst meine Taschen mit Gold; dann band ich mir die Schnüre des Beutels um den Hals fest und verbarg ihn auf meiner Brust. Ich kam unbeachtet aus dem Park, erreichte die Landstraße und nahm meinen Weg nach der Stadt. Wie ich in Gedanken dem Tore zu ging, hörte ich hinter mir schreien: „Junger Herr, he!

---

[26] of Fortunatus. Fortunatus is the hero of a medieval tale, who received from Fortune an inexhaustible purse and from the Sultan a wishing cap that took him wherever he wished to go. These treasures proved his and his sons' undoing.
[27] magic purse
[28] like his (i.e., the one owned by Fortunatus)
[29] If you please, Sir
[30] sturdy; strong
[31] It's a deal!
[32] He shook my hand (to close the bargain)

Junger Herr, hören Sie doch!" — Ich sah mich um. Ein altes Weib rief mir nach: „Sehe sich der Herr doch vor![33] Sie haben Ihren Schatten verloren!" — „Danke, Mütterchen!" — Ich warf ihr ein Goldstück für den wohlgemeinten Rat hin und trat unter die Bäume.

Am Tore mußte ich gleich wieder von der Schildwache hören: „Wo hat der seinen Schatten gelassen?" — und gleich wieder darauf von ein paar Frauen: „Jesus Maria! Der arme Mensch hat keinen Schatten!" Das fing an mich zu verdrießen, und ich vermied sehr sorgfältig, in die Sonne zu treten. Das ging aber nicht überall an,[34] zum Beispiel nicht in der Breitestraße, die ich zunächst durchkreuzen mußte, und zwar zu meinem Unheil[35] in eben der Stunde, wo die Knaben aus der Schule gingen. Ein verdammter buckeliger Schlingel — ich seh ihn noch — hatte es gleich weg,[36] daß mir der Schatten fehlte. Er verriet mich mit großem Geschrei der sämtlichen literarischen Straßenjugend der Vorstadt, die sofort mich zu rezensieren und mit Kot zu bewerfen anfing: Ordentliche Leute pflegten ihren Schatten mit sich zu nehmen, wenn sie in die Sonne gingen! Um sie von mir abzuwehren, warf ich Gold zu vollen Händen unter sie und sprang in einen Mietswagen,[37] zu dem mir mitleidige Seelen verhalfen.

Sobald ich mich in der rollenden Kutsche allein fand, fing ich bitterlich an zu weinen. Es mußte schon die Ahnung in mir aufsteigen, daß, um so viel das Gold auf Erden Verdienst und Tugend überwiegt, um so viel der Schatten höher als selbst das Gold geschätzt werde; und wie ich früher den Reichtum meinem Gewissen aufgeopfert, hatte ich jetzt den Schatten für bloßes Gold hingegeben. Was konnte, was sollte auf Erden aus mir werden!

Joseph Freiherr **von Eichendorff** stammt aus Oberschlesien. Er besuchte die Universität Heidelberg und

---

[33] You had better watch out!
[34] could not be done everywhere
[35] unfortunately for me
[36] caught on immediately (to the fact that ...)
[37] hackney carriage

Joseph von Eichendorff

befreundete sich dort mit Brentano und Arnim. In den Freiheitskriegen kämpfte er — wie Körner — in dem Lützowschen Freikorps und wurde später Regierungsbeamter in Berlin.

Eichendorff ist der Dichter des Waldes und des Wanderns. Den Werken dieses gläubigen Katholiken ist ein feiner, zuweilen unbeschwerter Humor nicht fremd. Eichendorff ist vor allem Lyriker, und dies auch in seinen Erzählungen, in die so viele seiner schönsten Lieder eingeflochten sind.

Am besten zeigt die Novelle **„Aus dem Leben eines Taugenichts"** die romantische Flucht aus der Welt und das Streben nach Freisein von allen Bindungen des Lebens:

Das Rad an meines Vaters Mühle brauste und rauschte schon wieder recht lustig, der Schnee tröpfelte emsig vom Dache, die Sperlinge zwitscherten und tummelten sich dazwischen; ich saß auf der Türschwelle und wischte mir den Schlaf aus den Augen; mir war so recht wohl in dem warmen Sonnenscheine. Da trat der Vater aus dem Hause; er hatte schon seit Tagesanbruch in der Mühle rumort[38] und die Schlafmütze schief auf dem Kopfe, der sagte zu mir: „Du Taugenichts! da sonnst du dich schon wieder und dehnst und reckst dir die Knochen müde, und läßt mich alle Arbeit allein tun. Ich kann dich hier nicht länger füttern. Der Frühling ist vor der Tür, geh auch einmal hinaus in die Welt und erwirb dir selber dein Brot." — „Nun," sagte ich, „wenn ich ein Taugenichts bin, so ist's gut, so will ich in die Welt gehen und mein Glück machen." Und eigentlich war mir das recht lieb, denn es war mir kurz vorher selber eingefallen, auf Reisen zu gehn, da ich die Goldammer, welche im Herbst und Winter immer betrübt an unserm Fenster sang: „Bauer, miet' mich, Bauer, miet' mich!" nun in der schönen Frühlingszeit wieder ganz stolz und lustig vom Baume rufen hörte: "Bauer, behalt deinen Dienst!" — Ich ging also in das Haus hinein und holte meine Geige, die ich recht artig[39] spielte, von der Wand, mein Vater gab mir noch einige Groschen Geld mit auf den Weg, und so schlenderte ich durch das lange Dorf hinaus. Ich hatte recht

[38] had been busily at work
[39] well; skilfully

meine heimliche Freude, als ich da alle meine alten Bekannten und Kameraden rechts und links, wie gestern und vorgestern und immerdar, zur Arbeit hinausziehen, graben und pflügen sah, während ich so in die freie Welt hinausstrich. Ich rief den armen Leuten nach allen Seiten recht stolz und zufrieden Adjes[40] zu, aber es kümmerte sich eben keiner sehr darum. Mir war es wie ein ewiger Sonntag im Gemüte. Und als ich endlich ins freie Feld hinauskam, da nahm ich meine liebe Geige vor und spielte und sang, auf der Landstraße fortgehend:

> „Wem Gott will rechte Gunst erweisen,
> Den schickt er in die weite Welt,
> Dem will er seine Wunder weisen
> In Berg und Wald und Strom und Feld.
>
> Die Trägen, die zu Hause liegen,
> Erquicket nicht das Morgenrot,
> Sie wissen nur vom Kinderwiegen,
> Von Sorgen, Last und Not um Brot.
>
> Die Bächlein von den Bergen springen,
> Die Lerchen schwirren hoch vor Lust,
> Was sollt' ich nicht mit ihnen singen
> Aus voller Kehl' und frischer Brust?
>
> Den lieben Gott laß ich nur walten;
> Der Bächlein, Lerchen, Wald und Feld
> Und Erd' und Himmel will erhalten,
> Hat auch mein' Sach' aufs best' bestellt!'"[41]

Indem, wie ich mich so umsehe, kömmt ein köstlicher Reisewagen ganz nahe an mich heran, der mochte wohl schon einige Zeit hinter mir drein[42] gefahren sein, ohne daß ich es merkte, weil mein Herz so voller Klang war, denn es ging ganz langsam, und zwei vornehme Damen steckten die Köpfe aus dem Wagen und hörten mir zu. Die eine war besonders schön und jünger als die andere, aber eigentlich gefielen sie mir alle beide. Als ich nun aufhörte zu singen, ließ die ältere still halten und redete mich

---

[40] *Adje*: Adieu
[41] Has taken care of my life in the best way also!
[42] directly behind me

holdselig an: „Ei, lustiger Gesell, Er weiß ja recht hübsche Lieder zu singen." Ich nicht zu faul dagegen:[43] „Euer Gnaden aufzuwarten,[44] wüßt' ich noch viel schönere." Darauf fragte sie mich wieder: „Wohin wandert Er denn schon so am frühen Morgen?" Da schämte ich mich, daß ich das selber nicht wußte, und sagte dreist: „Nach Wien"; nun sprachen beide miteinander in einer fremden Sprache, die ich nicht verstand. Die jüngere schüttelte einigemal mit dem Kopfe, die andere lachte in einem fort und rief mir endlich zu: „Spring Er nur hinten mit auf, wir fahren auch nach Wien." Wer war froher als ich! Ich machte eine Reverenz und war mit einem Sprunge hinter dem Wagen, der Kutscher knallte, und wir flogen über die glänzende Straße fort, daß mir der Wind am Hute pfiff.[45]

Hinter mir gingen nun Dorf, Gärten und Kirchtürme unter, vor mir neue Dörfer, Schlösser und Berge auf; unter mir Saaten, Büsche und Wiesen bunt vorüberfliegend, über mir unzählige Lerchen in der klaren blauen Luft — ich schämte mich, laut zu schreien, aber innerlichst jauchzte ich und strampelte und tanzte auf dem Wagentritt[46] herum, daß ich bald meine Geige verloren hätte, die ich unterm Arme hielt. Wie aber dann die Sonne immer höher stieg, rings am Horizont schwere weiße Mittagswolken aufstiegen, und alles in der Luft und auf der weiten Fläche so leer und schwül und still wurde über den leise wogenden Kornfeldern, da fiel mir erst wieder mein Dorf ein und mein Vater und unsere Mühle, wie es da so heimlich[47] kühl war an dem schattigen Weiher, und daß nun alles so weit, weit hinter mir lag. Mir war dabei so kurios zumute, als müßt' ich wieder umkehren; ich steckte meine Geige zwischen Rock und Weste, setzte mich voller Gedanken auf den Wagentritt hin und schlief ein.

Als ich die Augen aufschlug, stand der Wagen still unter hohen Lindenbäumen, hinter denen eine breite Treppe zwischen Säulen in ein prächtiges Schloß führte. Seitwärts durch die Bäume sah ich die Türme von Wien. Die Damen waren, wie es schien, längst ausgestiegen, die Pferde abgespannt. Ich erschrak

[43] I answered right quickly
[44] to please; if it please
[45] whistled around my ears
[46] footboard of the carriage
[47] comfortably

sehr, da ich auf einmal so allein saß und sprang geschwind in das Schloß hinein, da hörte ich von oben aus dem Fenster lachen.

In diesem Schlosse ging es mir wunderlich. Zuerst, wie ich mich in der weiten, kühlen Vorhalle umschaue, klopft mir jemand mit dem Stocke auf die Schulter. Ich kehre mich schnell um, da steht ein großer Herr in Staatskleidern, ein breites Bandelier von Gold und Seide bis an die Hüften übergehängt, mit einem oben versilberten Stabe in der Hand, und einer außerordentlich langen gebogenen kurfürstlichen[48] Nase im Gesicht, breit und prächtig wie ein aufgeblasener Puter, der mich frägt, was ich hier will. Ich war ganz verblüfft und konnte vor Schreck und Erstaunen nichts hervorbringen. Darauf kamen mehrere Bedienten die Treppe herauf und herunter gerannt, die sagten gar nichts, sondern sahen mich nur von oben bis unten an. Sodann kam eine Kammerjungfer (wie ich nachher hörte) gerade auf mich los und sagte: ich wäre ein scharmanter Junge, und die gnädigste Herrschaft[49] ließe mich fragen, ob ich hier als Gärtnerbursche dienen wollte? — Ich griff nach der Weste; meine paar Groschen, weiß Gott, sie müssen beim Herumtanzen auf dem Wagen aus der Tasche gesprungen sein, waren weg, ich hatte nichts als mein Geigenspiel, für das mir überdies auch der Herr mit dem Stabe, wie er mir im Vorbeigehn sagte, nicht einen Heller geben wollte. Ich sagte daher in meiner Herzensangst zu der Kammerjungfer: Ja; noch immer die Augen von der Seite auf die unheimliche Gestalt gerichtet, die immerfort wie der Perpendikel einer Turmuhr in der Halle auf und ab wandelte und eben wieder majestätisch und schauerlich aus dem Hintergrunde heraufgezogen kam. Zuletzt kam endlich der Gärtner, brummte was von Gesindel und Bauerlümmel[50] unterm Bart und führte mich nach dem Garten, während er mir unterwegs noch eine lange Predigt hielt: wie ich nur fein nüchtern und arbeitsam sein, nicht in der Welt herumvagieren, keine brotlosen Künste und unnützes Zeug treiben solle, da könnt' ich es mit der Zeit auch einmal zu was Rechtem bringen. — Es waren noch mehr sehr hübsche, gutgesetzte, nützliche Lehren, ich habe nur seitdem fast alles wieder vergessen. Über-

---

[48] Here: princely *or* aquiline
[49] Her Ladyship
[50] country bumpkin

haupt weiß ich eigentlich gar nicht recht, wie doch alles so gekommen war, ich sagte nur immerfort zu allem: Ja, — denn mir war wie einem Vogel, dem die Flügel begossen worden sind. — So war ich denn, Gott sei dank, im Brote.[51] —

In dem Garten war schön leben, ich hatte täglich mein warmes Essen vollauf und mehr Geld, als ich zum Weine brauchte, nur hatte ich leider ziemlich viel zu tun. Auch die Tempel, Lauben und schönen grünen Gänge, das gefiel mir alles recht gut, wenn ich nur hätte ruhig drin herumspazieren können und vernünftig diskutieren, wie die Herren und Damen, die alle Tage dahin kamen. So oft der Gärtner fort und ich allein war, zog ich sogleich mein kurzes Tabakspfeifchen heraus, setzte mich hin, und sann[52] auf schöne höfliche Redensarten, wie ich die eine junge schöne Dame, die mich in das Schloß mitbrachte, unterhalten wollte, wenn ich ein Kavalier wäre und mit ihr hier herumginge. Oder ich legte mich an schwülen Nachmittagen auf den Rücken hin, wenn alles so still war, daß man nur die Bienen summsen hörte, und sah zu, wie über mir die Wolken nach meinem Dorfe zuflogen und die Gräser und Blumen sich hin und her bewegten, und gedachte an die Dame, und da geschah es denn oft, daß die schöne Frau mit der Gitarre oder einem Buche in der Ferne wirklich durch den Garten zog, so still, groß und freundlich wie ein Engelsbild, so daß ich nicht recht wußte, ob ich träumte oder wachte.

So sang ich auch einmal, wie ich eben bei einem Lusthause zur Arbeit vorbeiging, für mich hin:

„Wohin ich geh' und schaue,
In Feld und Wald und Tal,
Vom Berg' ins Himmelsblaue,
Vielschöne gnäd'ge Fraue,
Grüß' ich dich tausendmal."

Da seh' ich aus dem dunkelkühlen Lusthause zwischen den halbgeöffneten Jalousien und Blumen, die dort standen, zwei schöne, junge, frische Augen hervorfunkeln. Ich war ganz er-

---

[51] had a way of earning my bread; had a job
[52] dreamt up; thought about

schrocken, ich sang das Lied nicht aus, sondern ging, ohne mich umzusehen, fort an die Arbeit.

Abends, es war gerade an einem Sonnabend, und ich stand eben in der Vorfreude kommenden Sonntags mit der Geige im Gartenhause am Fenster und dachte noch an die funkelnden Augen, da kommt auf einmal die Kammerjungfer durch die Dämmerung dahergestrichen.[53] „Da schickt Euch die vielschöne gnädige Frau was, das sollt Ihr auf ihre Gesundheit trinken. Eine gute Nacht auch!" Damit setzte sie mir fix eine Flasche Wein aufs Fenster und war sogleich wieder zwischen den Blumen und Hecken verschwunden wie eine Eidechse.

Ich aber stand noch lange vor der wundersamen Flasche und wußte nicht, wie mir geschehen war. — Und hatte ich vorher lustig die Geige gestrichen, so spielt' und sang ich jetzt erst recht und sang das Lied von der schönen Frau ganz aus und alle meine Lieder, die ich nur wußte, bis alle Nachtigallen draußen erwachten und Mond und Sterne schon lange über dem Garten standen. Ja, das war einmal eine gute, schöne Nacht!

Es wird keinem an der Wiege gesungen, was künftig aus ihm wird, eine blinde Henne findet manchmal auch ein Korn, wer zuletzt lacht, lacht am besten, unverhofft kommt oft, der Mensch denkt und Gott lenkt, so meditier' ich, als ich am folgenden Tage wieder mit meiner Pfeife im Garten saß und es mir dabei, da ich so aufmerksam an mir heruntersah, fast vorkommen wollte, als wäre ich doch eigentlich ein rechter Lump. — Ich stand nunmehr, ganz wider meine sonstige Gewohnheit, alle Tage sehr zeitig auf, eh' sich noch der Gärtner und die andern Arbeiter rührten. Da war es so wunderschön draußen im Garten. Die Blumen, die Springbrunnen, die Rosenbüsche und der ganze Garten funkelten von der Morgensonne wie lauter Gold und Edelstein. Und in den hohen Buchenalleen, da war es noch so still, kühl und andächtig wie in einer Kirche, nur die Vögel flatterten und pickten auf dem Sande. Gleich vor dem Schlosse, gerade unter den Fenstern, wo die schöne Frau wohnte, war ein blühender Strauch. Dorthin ging ich dann immer am frühesten Morgen und duckte mich hinter die Äste, um so nach den Fenstern zu sehen, denn mich im Freien zu produzieren,[54] hatt' ich keine Courage. Da sah ich

[53] came along
[54] show myself

nun allemal die allerschönste Dame noch heiß und halb verschlafen im schneeweißen Kleide an das offne Fenster hervortreten. Bald flocht sie sich die dunkelbraunen Haare und ließ dabei die anmutig spielenden Augen über Busch und Garten ergehen, bald bog und band sie die Blumen, die vor ihrem Fenster standen, oder sie nahm auch die Gitarre in den weißen Arm und sang dazu so wundersam über den Garten hinaus, daß sich mir noch das Herz umwenden will vor Wehmut, wenn mir eins von den Liedern bisweilen einfällt — und ach, das alles ist schon lange her!
So dauerte das wohl über eine Woche. Aber das eine Mal, sie stand gerade wieder am Fenster, und alles war stille ringsumher, fliegt mir eine fatale Fliege in die Nase, und ich gebe mich an ein erschreckliches Niesen, das gar nicht enden will. Sie legt sich weit zum Fenster hinaus und sieht mich Ärmsten hinter dem Strauche lauschen. — Nun schämte ich mich und kam viele Tage nicht hin.

Endlich wagte ich es wieder, aber das Fenster blieb diesmal zu, ich saß vier, fünf, sechs Morgen hinter dem Strauche, aber sie kam nicht wieder ans Fenster. Da wurde mir die Zeit lang, ich faßte ein Herz und ging nun alle Morgen frank und frei längs dem Schlosse unter allen Fenstern hin. Aber die liebe, schöne Frau blieb immer und immer aus. Eine Strecke weiter sah ich dann immer die andere Dame am Fenster stehen. Ich hatte sie sonst so genau noch niemals gesehen. Sie war wahrhaftig recht schön rot und dick und gar prächtig und hoffärtig anzusehn, wie eine Tulipane. Ich machte ihr immer ein tiefes Kompliment, und, ich kann nicht anders sagen, sie dankte mir jedesmal und nickte und blinzelte mit den Augen dazu ganz außerordentlich höflich. — Nur ein einziges Mal glaub' ich gesehn zu haben, daß auch die Schöne an ihrem Fenster hinter der Gardine stand und versteckt hervorguckte. —

Viele Tage gingen jedoch ins Land, ohne daß ich sie sah. Sie kam nicht mehr in den Garten, sie kam nicht mehr ans Fenster. Der Gärtner schalt mich einen faulen Bengel, ich war verdrüßlich, meine eigne Nasenspitze war mir im Wege, wenn ich in Gottes freie Welt hinaussah.

So lag ich eines Sonntags nachmittag im Garten und ärgerte mich, wie ich so in die blauen Wolken meiner Tabakspfeife hinaussah, daß ich mich nicht auf ein anderes Handwerk gelegt und mich also morgen nicht auch wenigstens auf einen blauen Montag zu freuen hätte. Die andern Burschen waren indes alle wohlausstaffiert nach den Tanzböden in der nahen Vorstadt hinausgezogen. Da wallte und wogte alles im Sonntagsputze[55] in der warmen Luft zwischen den lichten Häusern und wandernden Leierkasten schwärmend hin und zurück. Ich aber saß wie eine Rohrdommel im Schilfe eines einsamen Weihers im Garten und schaukelte mich auf dem Kahne, der dort angebunden war, während die Vesperglocken aus der Stadt über den Garten herüberschallten und die Schwäne auf dem Wasser langsam neben mir hin und her zogen. Mir war zum Sterben bange. —

Währenddes hörte ich von weitem allerlei Stimmen, lustiges Durcheinandersprechen und Lachen, immer näher und näher, dann schimmerten rot' und weiße Tücher, Hüte und Federn durchs Grüne, auf einmal kommt ein heller, lichter Haufen von jungen Herren und Damen vom Schlosse über die Wiese auf mich los, meine beiden Damen mitten unter ihnen. Ich stand auf und wollte weggehen, da erblickte mich die ältere von den schönen Damen. „Ei, das ist ja wie gerufen," rief sie mir mit lachendem Munde zu, „fahr Er uns doch an das jenseitige Ufer über den Teich!" Die Damen stiegen nun eine nach der andern vorsichtig und furchtsam in den Kahn, die Herren halfen ihnen dabei und machten sich ein wenig groß mit ihrer Kühnheit auf dem Wasser. Als sich darauf die Frauen alle auf die Seitenbänke gelagert hatten, stieß ich vom Ufer. Einer von den jungen Herren, der ganz vorn stand, fing unmerklich an zu schaukeln. Da wandten sich die Damen furchtsam hin und her, einige schrien gar. Die schöne Frau, welche eine Lilie in der Hand hielt, saß dicht am Bord des Schiffleins und sah so still lächelnd in die klaren Wellen hinunter, die sie mit der Lilie berührte, so daß ihr ganzes Bild zwischen den widerscheinenden Wolken und Bäumen im Wasser noch einmal zu sehen war, wie ein Engel, der leise durch den tiefen blauen Himmelsgrund[56] zieht.

Wie ich noch so auf sie hinsehe, fällt's auf einmal der andern lustigen Dicken von meinen zwei Damen ein, ich sollte ihr während der Fahrt eins singen. Geschwind dreht sich ein sehr zier-

---

[55] in their Sunday best; in their finest clothes
[56] expanse of the heavens; the whole sky

licher, junger Herr mit einer Brille auf der Nase, der neben ihr saß, zu ihr herum, küßt ihr sanft die Hand und sagt: „Ich danke Ihnen für den sinnigen Einfall! ein Volkslied, gesungen vom Volk in freiem Feld und Wald, ist ein Alpenröslein auf der Alpe selbst, — die Wunderhörner[57] sind nur Herbarien, — ist die Seele der Nationalseele." Ich aber sagte, ich wisse nichts zu singen, was für solche Herrschaften schön genug wäre. Da sagte die schnippische Kammerjungfer, die mit einem Korbe voll Tassen und Flaschen hart neben mir stand, und die ich bis jetzt noch gar nicht bemerkt hatte: „Weiß Er doch ein recht hübsches Liedchen von einer vielschönen Fraue." — „Ja, ja, das sing Er nur recht dreist weg," rief darauf sogleich die Dame wieder. Ich wurde über und über rot. — Indem blickte auch die schöne Frau auf einmal vom Wasser auf und sah mich an, daß es mir durch Leib und Seele ging. Da besann ich mich nicht lange, faßt' ein Herz und sang so recht aus voller Brust und Lust:

> Wohin ich geh' und schaue,
> In Feld und Wald und Tal,
> Vom Berg' hinab in die Aue:
> Vielschöne, hohe Fraue,
> Grüß' ich dich tausendmal.
>
> In meinem Garten find' ich
> Viel Blumen, schön und fein,
> Viel Kränze wohl draus wind' ich,
> Und tausend Gedanken bind' ich
> Und Grüße mit darein.
>
> Ihr darf ich keinen reichen,
> Sie ist zu hoch und schön,
> Die müssen alle verbleichen,
> Die Liebe nur ohnegleichen
> Bleibt ewig im Herzen stehn.
>
> Ich schein' wohl froher Dinge
> Und schaffe[58] auf und ab,
> Und ob das Herz zerspringe,
> Ich grabe fort und singe
> Und grab' mir bald mein Grab.

[57] This is a reference to Arnim's and Brentano's "Des Knaben Wunderhorn."
[58] work; toil

Wir stießen ans Land, die Herrschaften stiegen alle aus, viele von den jungen Herren hatten mich, ich bemerkt' es wohl, während ich sang, mit listigen Mienen und Flüstern verspottet vor den Damen. Der Herr mit der Brille faßte mich im Weggehen bei der Hand und sagte mir, ich weiß selbst nicht mehr was, die ältere von meinen Damen sah mich sehr freundlich an. Die schöne Frau hatte während meines ganzen Liedes die Augen niedergeschlagen und ging nun auch fort und sagte gar nichts. — Mir aber standen die Tränen in den Augen schon, wie ich noch sang, das Herz wollte mir zerspringen von dem Liede vor Scham und vor Schmerz, es fiel mir jetzt auf einmal alles recht ein, wie sie so schön ist und ich so arm bin und verspottet und verlassen von der Welt, — und als sie alle hinter den Büschen verschwunden waren, da konnt' ich nicht länger halten, ich warf mich in das Gras hin und weinte bitterlich.

Eichendorffs Gedichte gehören zu den schönsten der deutschen Lyrik:

Das zerbrochene Ringlein

In einem kühlen Grunde[59]
Da geht ein Mühlenrad,
Mein' Liebste ist verschwunden,
Die dort gewohnet hat.

Sie hat mir Treu versprochen,
Gab mir ein[60] Ring dabei,
Sie hat die Treu gebrochen,
Mein Ringlein sprang entzwei.

Ich möcht als Spielmann reisen,
Weit in die Welt hinaus,
Und singen meine Weisen,[61]
Und gehn von Haus zu Haus.

[59] valley
[60] = *ein'n*
[61] songs

Ich möcht als Reiter fliegen
Wohl[62] in die blutge Schlacht,
Um stille Feuer liegen
Im Feld bei dunkler Nacht.

Hör ich das Mühlrad gehen:
Ich weiß nicht, was ich will —
Ich möcht am liebsten sterben,
Da wärs auf einmal still.

Mondnacht

Es war, als hätt' der Himmel
Die Erde still geküßt,
Daß sie im Blütenschimmer
Von ihm nun träumen müßt'.

Die Luft ging durch die Felder,
Die Ähren wogten sacht,
Es rauschten leis die Wälder,
So sternklar war die Nacht.

Und meine Seele spannte
Weit ihre Flügel aus,
Flog durch die stillen Lande,
Als flöge sie nach Haus.

Im Walde

O Täler weit, o Höhen,
O schöner, grüner Wald,
Du meiner Lust und Wehen
Andächt'ger[63] Aufenthalt!

Da draußen, stets betrogen,
Saust die geschäft'ge Welt;
Schlag' noch einmal die Bogen
Um mich, du grünes Zelt!

---

[62] indeed: in translation, omit; here used in folksong style to round out meter.
[63] you devout (= devotion-inspiring) place of repose of (= for) my pleasure and grief

Wann es beginnt zu tagen,
Die Erde dampft und blinkt,
Die Vögel lustig schlagen,
Daß dir dein Herz erklingt:
Da mag vergeh'n, verwehen
Das trübe Erdenleid;
Da sollst du auferstehen
In junger Herrlichkeit!

Da steht im Wald geschrieben
Ein stilles, ernstes Wort
Vom rechten Tun und Lieben
Und was des Menschen Hort.
Ich habe treu gelesen
Die Worte schlicht und wahr
Und durch mein ganzes Wesen
Ward's unaussprechlich klar.

Bald werd' ich dich verlassen,
Fremd in der Fremde gehn,
Auf buntbewegten Gassen[64]
Des Lebens Schauspiel sehn;
Und mitten in dem Leben
Wird deines Ernsts Gewalt
Mich Einsamen erheben;
So wird mein Herz nicht alt.

Lorelei[65]

„Es ist schon spät, es wird schon kalt,
Was reitst du einsam durch den Wald?
Der Wald ist lang, du bist allein,
Du schöne Braut! ich führ dich heim!" —

„Groß ist der Männer Trug[66] und List,
Vor Schmerz mein Herz gebrochen ist,
Wohl irrt das Waldhorn her und hin,
O flieh! Du weißt nicht, wer ich bin." —

---

[64] in streets full of motley motion
[65] Brentano, too, wrote a "Lorelei" before the time of Heine.
[66] deception

„So reich geschmückt ist Roß und Weib,
So wunderschön der junge Leib,
Jetzt kenn ich dich — Gott steh mir bei!
Du bist die Hexe Lorelei." —

„Du kennst mich wohl — von hohem Stein
Schaut still mein Schloß tief in den Rhein.
Es ist schon spät, es wird schon kalt,
Kommst nimmermehr aus diesem Wald!"

Der Abend

Schweigt der Menschen laute Lust:[67]
Rauscht die Erde wie in Träumen
Wunderbar mit allen Bäumen,
Was dem Herzen kaum bewußt,
Alte Zeiten, linde Trauer,
Und es schweifen leise Schauer
Wetterleuchtend[68] durch die Brust.

Nachts

Ich stehe in Waldesschatten
Wie an des Lebens Rand,
Die Länder wie dämmernde Matten,[69]
Der Strom wie ein silbern Band.

Von fern nur schlagen die Glocken
Über die Wälder herein,
Ein Reh hebt den Kopf erschrocken
Und schlummert gleich wieder ein.

Der Wald aber rühret die Wipfel
Im Traum von der Felsenwand.
Denn der Herr geht über die Gipfel
Und segnet das stille Land.

---

[67] When man's noisy pleasure-seeking has fallen silent, then ...
[68] like sheet-lightning
[69] meadows

Greisenlied

Komm, Trost der Welt, du stille Nacht!
Wie steigst du von den Bergen sacht,
Die Lüfte alle schlafen,
Ein Schiffer nur noch, wandermüd,
Singt übers Meer sein Abendlied
Zu Gottes Lob im Hafen.

Die Jahre wie die Wolken gehn
Und lassen mich hier einsam stehn,
Die Welt hat mich vergessen,
Da tratst du wunderbar zu mir,
Wenn ich beim Waldesrauschen hier
Gedankenvoll gesessen.

O Trost der Welt, du stille Nacht!
Der Tag hat mich so müd gemacht,
Das weite Meer schon dunkelt,
Laß ausruhn mich von Lust und Not,
Bis daß das ewige Morgenrot
Den stillen Wald durchfunkelt.

Morgengebet

O wunderbares, tiefes Schweigen,
Wie einsam ist's noch auf der Welt!
Die Wälder nur sich leise neigen,
Als ging' der Herr durchs stille Feld.

Ich fühl' mich recht wie neu geschaffen,
Wo ist die Sorge nun und Not?
Was mich noch gestern wollt' erschlaffen,
Ich schäm' mich des im Morgenrot.

Die Welt mit ihrem Gram und Glücke
Will ich, ein Pilger, frohbereit[70]
Betreten nur wie eine Brücke
Zu dir, Herr, überm Strom der Zeit.

[70] with joyful willingness

Und[71] buhlt[72] mein Lied, auf Weltgunst lauernd,
Um schnöden Sold der Eitelkeit:
Zerschlag' mein Saitenspiel, und schauernd
Schweig' ich vor dir in Ewigkeit.

Friedrich Baron **de la Motte-Fouqué** stammte aus einer alten preußischen Offiziersfamilie. Man hat von ihm gesagt, daß er sich in seiner Offizierswürde als Nachfolger des Rittertums fühlte. Das zeigt sich auch in seinen Dichtungen, in denen er den alten Ritterroman mit den Ideen der Romantik erfüllte. Fouqués bekanntestes, heute noch viel gelesenes Werk ist „**Undine**". Daraus die folgende Probe:

Gar sittig und still hatte sich Undine vor und nach der Trauung bewiesen; nun aber war es, als schäumten alle die wunderlichen Grillen, welche in ihr hausten, um so dreister und kecklicher auf der Oberfläche hervor. Sie neckte Bräutigam und Pflegeeltern und selbst den noch kaum so hoch verehrten Priester mit allerhand kindischen Streichen, und, als die Wirtin etwas dagegen sagen wollte, brachten diese ein paar ernste Worte des Ritters, worin er Undinen mit großer Bedeutsamkeit seine Hausfrau nannte, zum Schweigen. Ihm selbst indessen, dem Ritter, gefiel Undinens kindisches Bezeigen[73] ebensowenig; aber da half kein Winken und kein Räuspern und keine tadelnde Rede. So oft die Braut ihres Lieblings Unzufriedenheit merkte — und das geschah einigemal —, ward sie freilich stiller, setzte sich neben ihn, streichelte ihn, flüsterte ihm lächelnd etwas in das Ohr und glättete so die aufsteigenden Falten seiner Stirn. Aber gleich darauf riß sie irgendein toller Einfall wieder in das gaukelnde Treiben[74] hinein, und es ging nur ärger[75] als zuvor. Da sagte der

[71] and if
[72] strives
[73] demeanor
[74] playful turmoil; antics
[75] worse

Priester sehr ernsthaft und sehr freundlich: „Mein anmutiges junges Mägdlein, man kann Euch zwar nicht ohne Ergötzen ansehn, aber denkt darauf, Eure Seele beizeiten so zu stimmen, daß sie immer die Harmonie zu der Seele Eures angetrauten Bräutigams anklingen lasse." — „Seele!" lachte ihn Undine an, „das klingt recht hübsch und mag auch für die mehrsten[76] Leute eine gar erbauliche und nutzreiche Regel sein. Aber wenn nun eins[77] gar keine Seele hat, bitt' Euch, was soll es[78] denn da stimmen?[79] Und so geht es mir." — Der Priester schwieg, tief verletzt, im frommen Zürnen und kehrte sein Antlitz wehmütig von dem Mädchen ab. Sie aber ging schmeichelnd auf ihn zu und sagte: „Nein, hört doch erst ordentlich, eh' Ihr böse ausseht, denn Euer Böseaussehn tut mir weh und Ihr müßt doch keiner Kreatur weh tun, die Euch ihrerseits nichts zuleide getan hat. Zeigt Euch nur duldsam gegen mich, und ich will's Euch ordentlich sagen, wie ich's meine."

Man sah, sie stellte sich in Bereitschaft, etwas recht Ausführliches zu erzählen, aber plötzlich stockte sie, wie von einem innern Schauer ergriffen, und brach in einen reichen Strom der wehmütigsten Tränen aus. Sie wußten alle nicht mehr, was sie recht aus ihr machen sollten, und starrten sie in unterschiedlichen Besorgnissen schweigend an. Da sagte sie endlich, sich ihre Tränen abtrocknend und den Priester ernsthaft ansehend: „Es muß etwas Liebes, aber auch etwas höchst Furchtbares um eine Seele sein. Um Gott, mein frommer Mann, wär' es nicht besser, man würde ihrer nie teilhaftig?" — Sie schwieg wieder still, wie auf Antwort wartend; ihre Tränen waren gehemmt. Alle in der Hütte hatten sich von ihren Sitzen erhoben und traten schaudernd vor ihr zurück. Sie aber schien nur für den Geistlichen Augen zu haben; auf ihren Zügen malte sich der Ausdruck einer fürchtenden Neubegier;[80] die eben deshalb den andern höchst furchtbar vorkam. — „Schwer muß die Seele lasten" — fuhr sie fort, da ihr noch niemand antwortete — „sehr schwer! Denn schon ihr annahendes Bild überschattet mich mit Angst und Trauer. Und

---

[76] = *meisten*
[77] a person: the masculine *einer* would be more in keeping with standard usage.
[78] The antecedent is *eins*.
[79] attune: the same word was used by the priest.
[80] = *Neugier*

ach, ich war so leicht, so lustig sonst!" — Und in einen erneuten Tränenstrom brach sie aus und schlug das Gewand vor ihrem Antlitze zusammen. Da trat der Priester ernsten Ansehns auf sie zu und sprach sie an und beschwur sie bei den heiligsten Namen, sie solle die lichte Hülle abwerfen, falls etwas Böses in ihr sei. Sie aber sank vor ihm in die Knie, alles Fromme wiederholend, was er sprach, und Gott lobend und beteuernd, sie meine es gut mit der ganzen Welt. Da sagte endlich der Priester zum Ritter: „Herr Bräutigam, ich lasse Euch allein mit der, die ich Euch angetraut habe. Soviel ich ergründen kann, ist nichts Übles an ihr, wohl aber des Wundersamen viel. Ich empfehle Euch Vorsicht, Liebe und Treue." — Damit ging er hinaus, die Fischersleute folgten ihm, sich bekreuzend.

Undine war auf die Knie gesunken, sie entschleierte ihr Angesicht und sagte, scheu nach Huldbranden umblickend: „Ach, nun willst du mich gewiß nicht behalten; und hab' ich doch nichts Böses getan, ich armes, armes Kind!" — Sie sah dabei so unendlich anmutig und rührend aus, daß ihr Bräutigam alles Grauens und aller Rätselhaftigkeit vergaß, zu ihr hineilend und sie in seinen Armen emporrichtend. Da lächelte sie durch ihre Tränen; es war, als wenn das Morgenrot auf kleinen Bächen spielt. — „Du kannst nicht von mir lassen!" flüsterte sie vertraulich und sicher und streichelte mit den zarten Händchen des Ritters Wangen. Dieser wandte sich darüber von den furchtbaren Gedanken ab, die noch im Hintergrunde seiner Seele lauerten und ihm einreden wollten, er sei an eine Fee oder sonst ein böslich neckendes Wesen der Geisterwelt angetraut; nur noch die einzige Frage ging fast unversehns über seine Lippen: „Liebes Undinchen, sage mir doch das eine: was war es, das du von Erdgeistern sprachst, da der Priester an die Tür klopfte, und von Kühleborn?" — „Märchen, Kindermärchen!" sagte Undine lachend und ganz wieder in ihrer gewohnten Lustigkeit. „Erst hab' ich euch damit bange gemacht, am Ende habt ihr's mich. Das ist das Ende vom Liede und vom ganzen Hochzeitabend." — „Nein, das ist es nicht", sagte der von Liebe berauschte Ritter, löschte die Kerzen und trug seine schöne Geliebte unter tausend Küssen, vom Monde, der hell durch die Fenster hereinsah, anmutig beleuchtet, zu der Brautkammer hinein.

Ein frisches Morgenlicht weckte die jungen Eheleute. Undine verbarg sich schamhaft unter ihre Decken, und Huldbrand lag still sinnend vor sich hin. So oft er in der Nacht eingeschlafen war, hatten ihn wunderlich grausende Träume verstört von Gespenstern, die sich heimlich grinsend in schöne Frauen zu verkleiden strebten — von schönen Frauen, die mit einem Male Drachenangesichter[81] bekamen. Und wenn er von den häßlichen Gebilden in die Höhe fuhr,[82] stand das Mondlicht bleich und kalt draußen vor den Fenstern; entsetzt blickte er nach Undinen, an deren Busen er eingeschlafen war, und die in unverwandelter Schönheit und Anmut neben ihm ruhte. Dann drückte er einen leichten Kuß auf die rosigen Lippen und schlief wieder ein, um von neuen Schrecken erweckt zu werden. Nachdem er sich nun alles dieses recht im vollen Wachen überlegt hatte, schalt er sich selbst über jedweden Zweifel aus,[83] der ihn an seiner schönen Frau hatte irremachen können. Er bat ihr auch sein Unrecht mit klaren Worten ab, sie aber reichte ihm nur die schöne Hand, seufzte aus tiefem Herzen und blieb still. Aber ein unendlich inniger Blick aus ihren Augen, wie er ihn noch nie gesehn hatte, ließ ihm keinen Zweifel, daß Undine von keinem Unwillen gegen ihn wisse. Er stand dann heiter auf und ging zu den Hausgenossen in das gemeinsame Zimmer vor. Die dreie saßen mit besorglichen Mienen um den Herd, ohne daß sich einer getraut hätte, seine Worte laut werden zu lassen. Es sahe aus, als bete der Priester in seinem Innern um Abwendung alles Übels. Da man nun aber den jungen Ehemann so vergnügt hervorgehn sah, glätteten sich auch die Falten in den übrigen Angesichtern; ja der alte Fischer fing an, mit dem Ritter zu scherzen auf eine recht sittige, ehrbare Weise, so daß selbst die alte Hausfrau ganz freundlich dazu lächelte. Darüber war endlich Undine auch fertig geworden und trat nun in die Tür; alle wollten ihr entgegengehn, und alle blieben voll Verwunderung stehen: so fremd kam ihnen die junge Frau vor, und doch so wohlbekannt. Der Priester schritt zuerst mit Vaterliebe in den leuchtenden Blicken auf sie zu, und wie er die Hand zum Segen emporhob, sank das schöne Weib andächtig

---

[81] dragon faces
[82] awoke with a start; sat bolt upright in bed
[83] *ausschelten*: scold

schauernd vor ihm in die Kniee. Sie bat ihn darauf mit einigen freundlich demütigen Worten wegen des Törichten, das sie gestern gesprochen haben möge, um Verzeihung und ersuchte ihn mit sehr bewegtem Tone, daß er für das Heil ihrer Seele beten wolle. Dann erhob sie sich, küßte ihre Pflegeeltern und sagte, für alles genossene Gute[84] dankend: „O, jetzt fühle ich es im innersten Herzen, wie viel, wie unendlich viel ihr für mich getan habt, ihr lieben, lieben Leute!" — Sie konnte erst gar nicht wieder von ihren Liebkosungen abbrechen, aber kaum gewahrte[85] sie, daß die Hausfrau nach dem Frühstücke hinsah, so stand sie auch bereits am Herde, kochte und ordnete an und litt nicht,[86] daß die gute alte Mutter auch nur die geringste Mühwaltung über sich nahm.

Sie blieb den ganzen Tag lang so: still, freundlich und achtsam, ein Hausmütterlein und ein zart verschämtes, jungfräuliches Wesen zugleich. Die dreie, welche sie schon länger kannten, dachten in jedem Augenblick irgendein wunderliches Wechselspiel ihres launischen Sinnes hervorbrechen zu sehn. Aber sie warteten vergebens darauf: Undine blieb engelmild und sanft. Der Priester konnte seine Augen gar nicht von ihr wegwenden und sagte mehrere Male zum Bräutigam: „Herr, einen Schatz hat Euch gestern die himmlische Güte durch mich Unwürdigen anvertraut; wahrt ihn, wie es sich gebührt, so wird er Euer ewiges und zeitliches Heil befördern."

Gegen Abend hing sich Undine mit demütiger Zärtlichkeit an des Ritters Arm und zog ihn sanft vor die Tür hinaus, wo die sinkende Sonne anmutig über den frischen Gräsern und um die hohen, schlanken Baumstämme leuchtete. In den Augen der jungen Frau schwamm es wie Tau der Wehmut und der Liebe, auf ihren Lippen schwebte es wie ein zartes, besorgliches Geheimnis, das sich aber nur in kaum vernehmlichen Seufzern kundgab.

Sie führte ihren Liebling schweigend immer weiter mit sich fort; was er sagte, beantwortete sie nur mit Blicken, in denen zwar keine unmittelbare Auskunft auf seine Fragen, wohl aber ein ganzer Himmel der Liebe und schüchternen Ergebenheit lag.

[84] kindness enjoyed (by her)
[85] noticed
[86] did not permit

So gelangte sie an das Ufer des übergetretnen[87] Waldstroms, und der Ritter erstaunte, diesen in leisen Wellen verrinnend dahinrieseln zu sehn, so daß keine Spur seiner vorigen Wildheit und Fülle mehr anzutreffen war. — „Bis morgen wird er ganz versiegt sein," sagte die schöne Frau weinerlich, „und du kannst dann ohne Widerspruch reisen, wohinaus du willst." — „Nicht ohne dich, Undinchen!" entgegnete der lachende Ritter, „denke doch: wenn ich auch Lust hätte auszureißen, so müßte ja Kirche und Geistlichkeit und Kaiser und Reich dreinschlagen und dir den Flüchtling wiederbringen." — „Kommt alles auf dich an, kommt alles auf dich an," flüsterte die Kleine, halb weinend, halb lächelnd. „Ich denke aber doch, du wirst mich wohl behalten; ich bin dir ja gar zu innig gut. Trage mich nun hinüber auf die kleine Insel, die vor uns liegt. Da soll sich's entscheiden. Ich könnte wohl leichtlich selbst durch die Wellchen schlüpfen, aber in deinen Armen ruht sich's so gut, und verstößest du mich, so hab' ich doch noch zum letzten Male anmutig darin geruht." — Huldbrand, voll von einer seltsamen Bangigkeit und Rührung, wußte ihr nichts zu erwidern. Er nahm sie in seine Arme und trug sie hinüber, sich nun erst besinnend, daß es dieselbe kleine Insel war, von wo er sie in jener ersten Nacht dem alten Fischer zurückgetragen hatte. Jenseits ließ er sie in das weiche Gras nieder und wollte sich schmeichelnd neben seine schöne Bürde setzen; sie aber sagte: „Nein, dorthin, mir gegenüber! Ich will in deinen Augen lesen, noch ehe deine Lippen sprechen. Höre nun recht achtsam zu, was ich dir erzählen will." Und sie begann.

„Du sollst wissen, mein süßer Liebling, daß es in den Elementen Wesen gibt, die fast aussehen wie ihr und sich doch nur selten vor euch blicken lassen. In den Flammen glitzern und spielen die wunderlichen Salamander, in der Erden tief hausen die dürren, tückischen Gnomen, durch die Wälder streifen die Waldleute, die der Luft angehören, und in den Seen und Strömen und Bächen lebt der Wassergeister ausgebreitetes Geschlecht. In klingenden Kristallgewölben, durch die der Himmel mit Sonn' und Sternen hereinsieht, wohnt sich's schön;[88] hohe Korallenbäume mit blau

---

[87] = *des über seine Ufer getretenen Waldstroms*: the shorter form avoids an awkward repetition of *Ufer*.

[88] It is pleasant to live (in ...)

und roten Früchten leuchten in den Gärten; über reinlichen Meeressand wandelt man und über schöne bunte Muscheln, und was die alte Welt des also Schönen besaß,[89] daß die heutige nicht mehr sich dran zu freuen würdig ist, das überzogen die Fluten mit ihren heimlichen Silberschleiern, und unten prangen nun die edlen Denkmale, hoch und ernst und anmutig betaut vom liebenden Gewässer, das aus ihnen schöne Moosblumen und kränzende Schilfbüschel[90] hervorlockt.[91] Die aber dorten wohnen, sind gar hold und lieblich anzuschauen, meist schöner als die Menschen sind. Manch einem Fischer ward es schon so gut,[92] ein zartes Wasserweib zu belauschen, wie sie über die Fluten hervorstieg und sang. Der erzählte dann von ihrer Schöne weiter, und solche wundersame Frauen werden von den Menschen Undinen genannt. Du aber siehst jetzt wirklich eine Undine, lieber Freund."

Der Ritter wollte sich einreden, seiner schönen Frau sei irgendeine ihrer seltsamen Launen wach geworden und sie finde ihre Lust daran, ihn mit bunt erdachten Geschichten zu necken. Aber so sehr er sich dies auch vorsagte, konnte er doch keinen Augenblick daran glauben; ein seltsamer Schauder zog durch sein Innres; unfähig ein Wort hervorzubringen, starrte er unverwandten Auges die holde Erzählerin an. Diese schüttelte betrübt den Kopf, seufzte aus vollem Herzen und fuhr alsdann folgendermaßen fort.

„Wir wären weit besser daran als ihr andern Menschen; — denn Menschen nennen wir uns auch, wie wir es denn der Bildung und dem Leibe nach sind; — aber es ist ein gar Übles dabei. Wir und unsersgleichen in den andern Elementen, wir zerstieben und vergehn mit Geist und Leib, daß keine Spur von uns zurückbleibt, und wenn ihr andern dermaleinst[93] zu einem reinern Leben erwacht, sind wir geblieben, wo Sand und Funk' und Wind und Welle blieb. Darum haben wir auch keine Seelen; das Element bewegt uns, gehorcht uns oft, solange wir leben, — zerstaubt uns immer, sobald wir sterben, und wir sind lustig, ohne uns irgend zu grämen, wie es die Nachtigallen und Goldfischlein und andre

[89] and what the old world had that was *so* beautiful that . . .
[90] bunches of reeds aligned in garlands
[91] lures forth
[92] has been so lucky as to
[93] some day

hübsche Kinder der Natur ja gleichfalls sind. Aber alles will höher, als es steht. So wollte mein Vater, der ein mächtiger Wasserfürst im Mittelländischen Meere ist, seine einzige Tochter solle einer Seele teilhaftig werden und müsse sie darüber auch viele Leiden der beseelten Leute bestehn. Eine Seele aber kann unsresgleichen nur durch den innigsten Verein der Liebe mit einem eures Geschlechtes gewinnen. Nun bin ich beseelt, dir dank' ich die Seele, o du unaussprechlich Geliebter, und dir werd' ich es danken, wenn du mich nicht mein ganzes Leben hindurch elend machst. Denn was soll aus mir werden, wenn du mich scheuest und mich verstößest? Durch Trug aber mocht' ich dich nicht behalten. Und willst du mich verstoßen, so tu es nun, so geh allein ans Ufer zurück. Ich tauche mich in diesen Bach, der mein Oheim ist und hier im Walde sein wunderliches Einsiedlerleben, von den übrigen Freunden entfernet, führt. Er ist aber mächtig und vielen großen Strömen wert und teuer;[94] und wie er mich herführte zu den Fischern, mich leichtes und lachendes Kind, wird er mich auch wieder heimführen zu den Eltern, mich beseelte, liebende, leidende Frau."

Sie wollte noch mehr sagen, aber Huldbrand umfaßte sie voll der innigsten Rührung und Liebe und trug sie wieder ans Ufer zurück. Hier erst schwur er unter Tränen und Küssen, sein holdes Weib niemals zu verlassen. Im süßen Vertrauen wandelte Undine an seinem Arme nach der Hütte zurück und empfand nun erst vom ganzen Herzen, wie wenig sie die verlassenen Kristallpaläste ihres wundersamen Vaters bedauern dürfe.

Ernst Theodor Amadeus Hoffmann wurde in Königsberg in Preußen geboren. Nach dem Besuch der Universität wurde er Staatsbeamter in Warschau, das zu dieser Zeit zu Preußen gehörte. Trotz der politischen Not der Zeit führte er ein recht unbekümmertes, ja weinseliges Leben. Dem machte jedoch die Schlacht bei Jena (1806) ein Ende. Der Verlust

---

[94] revered and beloved by

Ernst Theodor Amadeus Hoffmann

der Provinz Polen machte viele preußische Beamte, und auch Hoffmann, stellungslos. Da er jedoch nicht nur Jurist und Schriftsteller sondern auch Zeichner und Musiker war, gelang es ihm, zunächst Kapellmeister in Bamberg, hierauf Schauspieldirektor in Leipzig zu werden. In späteren Jahren erlangte er eine Richterstelle in Berlin.

E.T.A. Hoffmann ist der Dichter des Unheimlichen, der Nachtseiten[95] der Natur und der menschlichen Seele. Seine Erzählungen haben den amerikanischen Romantikern, wie Nathaniel Hawthorne, Charles Brockden Brown und Edgar Allan Poe, viel Anregung gegeben und besonders den letzteren stark beeinflußt.

Poe gab der ersten Sammlung seiner Erzählungen den Titel „Tales of the Folio Club" so wie Hoffmann als Titel seines Novellenzyklus den Namen der Berliner Dichtervereinigung „Die Serapionsbrüder" gewählt hatte. Hoffmann war zeitweise von der Idee besessen, daß er von seinem zweiten Ich verfolgt werde. So spielt denn auch das Doppelgängermotiv eine bedeutende Rolle in seinen Erzählungen, wie in „Kater Murr" und in „Elixiere des Teufels". Auch Poe hat in „William Wilson" die Idee der doppelten Existenz übernommen, deren eine die Kraft des Guten, deren andere die des Bösen verkörpert. Ebenso zeigt Poes „The Tale of the Ragged Mountain" eine auffallende Ähnlichkeit mit Hoffmanns „Magnetiseur". In diesem Zusammenhang muß noch kurz auf die stoffliche Anlehnung von Poes „House of Usher" an Hoffmanns „Das Majorat" und von Poes „The Assignation" an Hoffmanns „Doge und Dogaressa" hingewiesen werden.

Es folgt hier ein Abschnitt aus „Rat Krespel", dem der Komponist Jacques Offenbach Motive zu seiner Oper „Hoffmanns Erzählungen" entnommen hat:

Rat Krespel war einer der allerwunderlichsten Menschen, die mir jemals im Leben vorgekommen. Als ich nach H— zog, um mich einige Zeit dort aufzuhalten, sprach die ganze Stadt von ihm, weil so eben einer seiner allernärrischsten Streiche in voller

---

[95] occult aspects. The term *Nachtseite* seems to have been coined by the romantic philosopher and mystic, Gotthilf Heinrich von Schubert, in the title of his book, "Ansichten von der Nachtseite der Naturwissenschaft" (1808).

Blüte stand. Krespel war berühmt als gelehrter gewandter Jurist und als tüchtiger Diplomat. Ein nicht eben bedeutender regierender Fürst in Deutschland hatte sich an ihn gewandt, um ein Memorial auszuarbeiten, das die Ausführung seiner rechtsbegründeten[95] Ansprüche auf ein gewisses Territorium zum Gegenstand hatte, und das er dem Kaiserhofe einzureichen gedachte. Das geschah mit dem glücklichsten Erfolg, und da Krespel einmal geklagt hatte, daß er nie eine Wohnung seiner Bequemlichkeit gemäß finden könne, übernahm der Fürst, um ihn für jenes Memorial zu lohnen, die Kosten eines Hauses, das Krespel ganz nach seinem Gefallen aufbauen lassen sollte. Auch den Platz dazu wollte der Fürst nach Krespels Wahl ankaufen lassen; das nahm Krespel indessen nicht an, vielmehr blieb er dabei, daß das Haus in seinem vor dem Tor in der schönsten Gegend belegenen Garten erbaut werden solle. Nun kaufte er alle nur mögliche Materialien zusammen und ließ sie herausfahren; dann sah man ihn, wie er Tage lang in seinem sonderbaren Kleide (das er übrigens selbst angefertigt nach bestimmten eigenen Prinzipien) den Kalk löschte,[96] den Sand siebte, die Mauersteine in regelmäßige Haufen aufsetzte u. s. w. Mit irgend einem Baumeister hatte er nicht gesprochen, an irgend einen Riß[97] nicht gedacht. An einem guten Tage ging er indessen zu einem tüchtigen Maurermeister in H— und bat ihn, sich morgen bei Anbruch des Tages mit sämtlichen Gesellen und Burschen, vielen Handlangern u. s. w. in dem Garten einzufinden und sein Haus zu bauen. Der Baumeister fragte natürlicher Weise nach dem Bauriß, und erstaunte nicht wenig, als Krespel erwiderte, es bedürfe dessen gar nicht, und es werde sich schon alles, wie es sein solle, fügen. Als der Meister anderen Morgens mit seinen Leuten an Ort und Stelle kam, fand er einen im regelmäßigen Viereck gezogenen Graben, und Krespel sprach: „Hier soll das Fundament meines Hauses gelegt werden, und dann bitte ich, die vier Mauern so lange heraufzuführen, bis ich sage, nun ists hoch genug." — „Ohne Fenster und Türen, ohne Quermauern?"[98] fiel der Meister, wie über Krespels Wahnsinn

---

[95] legally well-founded, legitimate
[96] slaked
[97] (architectural) plan
[98] dividing walls

erschrocken, ein. „So wie ich Ihnen es sage, bester Mann," erwiderte Krespel sehr ruhig, „das Übrige wird sich Alles finden." Nur das Versprechen reicher Belohnung konnte den Meister bewegen, den unsinnigen Bau zu unternehmen; aber nie ist einer lustiger geführt worden, denn unter beständigem Lachen der Arbeiter, die die Arbeitsstätte nie verließen, da es Speis und Trank vollauf gab, stiegen die vier Mauern unglaublich schnell in die Höhe, bis eines Tages Krespel rief: „Halt!" Da schwieg Kell[99] und Hammer, die Arbeiter stiegen von den Gerüsten herab, und indem sie den Krespel im Kreise umgaben, sprach es aus jedem lachenden Gesicht: Aber wie nun weiter? — „Platz!" rief Krespel, lief nach einem Ende des Gartens und schritt dann langsam auf sein Viereck los; dicht an der Mauer schüttelte er unwillig den Kopf, lief nach dem andern Ende des Gartens, schritt wieder auf das Viereck los und machte es wie zuvor. Noch einige Male wiederholte er das Spiel, bis er endlich, mit der spitzen Nase hart an die Mauern anlaufend, laut schrie: „Heran, heran ihr Leute, schlagt mir die Tür ein, hier schlagt mir eine Türe ein!' — Er gab Länge und Breite genau nach Fuß und Zoll an, und es geschah, wie er geboten. Nun schritt er hinein in das Haus und lächelte wohlgefällig, als der Meister bemerkte, die Mauern hätten gerade die Höhe eines tüchtigen[100] zweistöckigen Hauses. Krespel ging in dem innern Raum bedächtig auf und ab, hinter ihm her die Maurer mit Hammer und Hacke, und so wie er rief: „Hier ein Fenster sechs Fuß hoch, vier Fuß breit! — dort ein Fensterchen drei Fuß hoch, zwei Fuß breit!" so wurde es flugs eingeschlagen. Gerade während dieser Operation kam ich nach H—, und es war höchst ergötzlich anzusehen, wie Hunderte von Menschen um den Garten herumstanden, und alle Mal laut aufjubelten, wenn die Steine herausflogen, und wieder ein neues Fenster entstand, da wo man es gar nicht vermutet hatte. Mit dem übrigen Ausbau des Hauses und mit allen Arbeiten, die dazu nötig waren, machte es Krespel auf eben dieselbe Weise, indem sie Alles an Ort und Stelle nach seiner augenblicklichen Angabe verfertigen mußten. Die Possierlichkeit des ganzen Unternehmens, die gewonnene Überzeugung, daß alles am Ende sich besser zusammenge-

[99] = *Kelle*: trowel
[100] fit, sound(ly built)

schickt,[101] als zu erwarten stand, vorzüglich aber Krespels Freigebigkeit, die ihm freilich Nichts kostete, erhielt aber alle bei guter Laune. So wurden die Schwierigkeiten, die die abenteuerliche Art zu bauen herbeiführen mußte, überwunden, und in kurzer Zeit stand ein völlig eingerichtetes Haus da, welches von der Außenseite den tollsten Anblick gewährte, da kein Fenster dem andern gleich war u. s. w., dessen innere Einrichtung aber eine ganz eigene Wohlbehaglichkeit erregte. Alle, die hineinkamen, versicherten dies, und ich selbst fühlte es, als Krespel nach näherer Bekanntschaft mich hineinführte. Bis jetzt hatte ich nämlich mit dem seltsamen Manne noch nicht gesprochen, der Bau beschäftigte ihn so sehr, daß er nicht einmal sich bei dem Professor M*** Dienstags, wie er sonst pflegte, zum Mittagsessen einfand, und ihm, als er ihn besonders eingeladen, sagen ließ, vor dem Einweihungsfeste seines Hauses käme er mit keinem Tritt aus der Tür.[102] Alle Freunde und Bekannte verspitzten sich[103] auf ein großes Mahl, Krespel hatte aber Niemanden gebeten als sämtliche Meister, Gesellen,[104] Bursche[105] und Handlanger,[106] die sein Haus erbaut. Er bewirtete sie mit den feinsten Speisen; Maurerbursche fraßen rücksichtslos Rebhuhnpasteten,[107] Tischlerjungen hobelten[108] mit Glück an gebratenen Fasanen, und hungrige Handlanger langten diesmal sich selbst[109] die vortrefflichsten Stücke aus dem Trüffelfrikassee zu. Des Abends kamen die Frauen und Töchter, und es begann ein großer Ball. Krespel walzte etwas Weniges mit den Meisterfrauen, setzte sich aber dann zu den Stadtmusikanten, nahm eine Geige und dirigierte die Tanzmusik bis zum hellen Morgen. Den Dienstag nach diesem Feste, welches den Rat Krespel als Volksfreund darstellte, fand ich ihn endlich zu meiner nicht geringen Freude bei dem Professor M***. Verwunderlicheres als Krespels Betragen kann man nicht erfinden. Steif und ungelenk in der Bewegung, glaubte man jeden

[101] turned out better
[102] he would not at all be able to leave home
[103] looked forward to
[104] journeymen
[105] apprentices
[106] handymen, helpers
[107] partridge pies
[108] were carving away
[109] hungry helpers helped themselves this once to . . .

Augenblick, er würde irgendwo anstoßen, irgend einen Schaden anrichten, das geschah aber nicht, und man wußte es schon, denn die Hausfrau erblaßte nicht im Mindesten, als er mit gewaltigem Schritt um den mit den schönsten Tassen besetzten Tisch sich herumschwang, als er gegen den bis zum Boden reichenden Spiegel manövrierte, als er selbst einen Blumentopf von herrlich gemaltem Porzellan ergriff und in der Luft herumschwenkte, als ob er die Farben spielen lassen wolle. Überhaupt besah Krespel vor Tische Alles in des Professors Zimmer auf das Genaueste, er langte sich auch wohl, auf den gepolsterten Stuhl steigend, ein Bild von der Wand herab, und hing es wieder auf. Dabei sprach er viel und heftig, bald (bei Tische wurde es auffallend) sprang er schnell von einer Sache auf die andere, bald konnte er von einer Idee gar nicht los kommen; immer sie wieder ergreifend, geriet er in allerlei wunderliche Irrgänge, und konnte sich nicht wieder finden, bis ihn etwas anders erfaßte. Sein Ton war bald rauh und heftig schreiend, bald leise gedehnt singend, aber immer paßte er nicht zu dem, was Krespel sprach. Es war von Musik die Rede, man rühmte einen neuen Komponisten, da lächelte Krespel und sprach mit seiner leisen singenden Stimme: „Wollt ich doch, daß der schwarzgefiederte Satan den verruchten Tonverdreher[110] zehntausend Millionen Klafter[111] tief in den Abgrund der Hölle schlüge!" — Dann fuhr er heftig und wild heraus: „Sie ist ein Engel des Himmels, Nichts als reiner Gott geweihter Klang und Ton! — Licht und Sternbild alles Gesanges!" — Und dabei standen ihm Tränen in den Augen. Man mußte sich erinnern, daß vor einer Stunde von einer berühmten Sängerin gesprochen worden. Es wurde ein Hasenbraten verzehrt; ich bemerkte, daß Krespel die Knochen auf seinem Teller vom Fleische sorglich säuberte und genaue Nachfrage nach den Hasenpfoten hielt, die ihm des Professors fünfjähriges Mädchen mit sehr freundlichem Lächeln brachte. Die Kinder hatten überhaupt den Rat schon während des Essens sehr freundlich angeblickt, jetzt standen sie auf und nahten sich ihm, jedoch in scheuer Ehrfurcht und nur auf drei Schritte. Was soll denn das werden? dachte ich im Innern. Das Dessert wurde aufgetragen; da zog der Rat ein Kistchen aus der Tasche,

---

[110] perverter of tones; music garbler
[111] fathoms

in dem eine kleine stählerne[112] Drehbank lag, die schrob[113] er sofort an den Tisch fest, und nun drechselte er mit unglaublicher Geschicklichkeit und Schnelligkeit aus den Hasenknochen allerlei winzig kleine Döschen und Büchschen und Kügelchen, die die Kinder jubelnd empfingen. Im Moment des Aufstehens von der Tafel fragte des Professors Nichte: „Was macht denn unsere Antonie, lieber Rat?" — Krespel schnitt ein Gesicht,[114] als wenn jemand in eine bittre Pomeranze beißt und dabei aussehen will, als wenn er Süßes genossen; aber bald verzog sich dies Gesicht zur graulichen Maske, aus der recht bitterer, grimmiger, ja wie es mir schien, recht teuflischer Hohn herauslachte. „Unsere? Unsere liebe Antonie?" frug er mit gedehntem, unangenehm singendem Tone. Der Professor kam schnell heran; in dem strafenden Blick, den er der Nichte zuwarf, las ich, daß sie eine Saite berührt hatte, die in Krespels Innerm widrig dissonieren mußte. „Wie steht es mit den Violinen?" frug der Professor recht lustig, indem er den Rat bei beiden Händen erfaßte. Da heiterte sich Krespels Gesicht auf, und er erwiderte mit seiner starken Stimme: „Vortrefflich, Professor, erst heute hab ich die treffliche Geige von Amati, von der ich neulich erzählte, welch ein Glücksfall sie mir in die Hände gespielt, erst heute habe ich sie aufgeschnitten. Ich hoffe, Antonie wird das Übrige sorgfältig zerlegt haben." — „Antonie ist ein gutes Kind", sprach der Professor. „Ja wahrhaftig, das ist sie!" schrie der Rat, indem er sich schnell umwandte, und mit einem Griff Hut und Stock erfassend, schnell zur Türe hinaussprang. Im Spiegel erblickte ich, daß ihm helle Tränen in den Augen standen.

Sobald der Rat fort war, drang ich in[115] den Professor, mir doch nur gleich zu sagen, was es mit den Violinen und vorzüglich mit Antonien für eine Bewandtnis habe. „Ach", sprach der Professor, wie denn der Rat überhaupt ein ganz wunderlicher Mensch ist, so treibt er auch das Violinbauen auf ganz eigene tolle Weise." „Violinbauen?" fragte ich ganz erstaunt. „Ja", fuhr der Professor fort, „Krespel verfertigt nach dem Urteil der Kenner die herrlich-

---

[112] (of) steel
[113] = *schraubte*
[114] made a face
[115] *in einen dringen*: urge someone

sten Violinen, die man in neuerer Zeit nur finden kann; sonst ließ er manchmal, war ihm eine besonders gelungen, andere darauf spielen, das ist aber seit einiger Zeit ganz vorbei. Hat Krespel eine Violine gemacht, so spielt er selbst eine oder zwei Stunden darauf, und zwar mit höchster Kraft, mit hinreißendem Ausdruck, dann hängt er sie aber zu den übrigen, ohne sie jemals wieder zu berühren oder von andern berühren zu lassen. Ist nur irgend eine Violine von einem alten vorzüglichen Meister aufzutreiben, so kauft sie der Rat um jeden Preis, den man ihm stellt. Ebenso wie seine Geigen spielt er sie aber nur ein einziges Mal, dann nimmt er sie auseinander, um ihre innere Struktur genau zu untersuchen, und wirft, findet er nach seiner Einbildung nicht das, was er gerade suchte, die Stücke unmutig in einen großen Kasten, der schon voll Trümmer zerlegter Violinen ist." — „Wie ist es aber mit Antonien?" frug ich schnell und heftig. — „Das ist nun", fuhr der Professor fort, „das ist nun eine Sache, die den Rat mich könnte in höchstem Grade verabscheuen lassen,[116] wenn ich nicht überzeugt wäre, daß bei dem im tiefsten Grunde bis zur[117] Weichlichkeit gutmütigen Charakter des Rates es damit eine besondere geheime Bewandtnis haben müsse. Als vor mehreren Jahren der Rat hieher nach H— kam, lebte er anachoretisch[118] mit einer alten Haushälterin in einem finstern Hause auf der —Straße. Bald erregte er durch seine Sonderbarkeiten die Neugierde der Nachbarn, und sogleich als er dies merkte, sucht und fand er Bekanntschaften. Eben wie in meinem Hause gewöhnte man sich überall so an ihn, daß er unentbehrlich wurde. Seines rauhen Äußern unerachtet liebten ihn sogar die Kinder, ohne ihn zu belästigen, denn trotz aller Freundlichkeit behielten sie eine gewisse scheue Ehrfurcht, die ihn vor allem Zudringlichen schützte. Wie er die Kinder durch allerlei Künste zu gewinnen weiß, haben Sie heute gesehen. Wir hielten ihn alle für einen Hagestolz,[119] und er widersprach dem nicht. Nachdem er sich einige Zeit hier aufgehalten, reiste er ab, Niemand wußte wohin, und kam nach einigen Monaten wieder. Den andern Abend nach seiner Rückkehr waren

---

[116] which could make me detest the Councilor with all my heart
[117] to a degree approaching ...
[118] like a hermit
[119] confirmed bachelor

Krespels Fenster ungewöhnlich erleuchtet; schon dies machte die Nachbarn aufmerksam, bald vernahm man aber die ganz wunderherrliche Stimme eines Frauenzimmers von einem Pianoforte begleitet. Dann wachten die Töne einer Violine auf und stritten in regem feurigen Kampfe mit der Stimme. Man hörte gleich, daß es der Rat war, der spielte. — Ich selbst mischte mich unter die zahlreiche Menge, die das wundervolle Konzert vor dem Hause des Rates versammelt hatte, und ich muß Ihnen gestehen, daß gegen die Stimme, gegen den ganz eigenen, tief in das Innerste dringenden Vortrag der Unbekannten mir der Gesang der berühmtesten Sängerinnen, die ich gehört, matt und ausdruckslos schien. Nie hatte ich eine Ahnung von diesen lang ausgehaltenen Tönen, von diesen Nachtigallwirbeln, von diesem Auf- und Abwogen, von diesem Steigen bis zur Stärke des Orgellautes, von diesem Sinken bis zum leisesten Hauch. Nicht einer war, den der süßeste Zauber nicht umfing, und nur leise Seufzer gingen in der tiefen Stille auf, wenn die Sängerin schwieg. Es mochte schon **Mitternacht** sein, als man den Rat sehr heftig reden hörte; eine andere männliche Stimme schien, nach dem Tone zu urteilen, ihm Vorwürfe zu machen, dazwischen klagte ein Mädchen in **abgebrochenen Reden.** Heftiger und heftiger schrie der Rat, bis er endlich in jenen gedehnten singenden Ton fiel, den Sie kennen. **Ein** lauter Schrei des Mädchens unterbrach ihn, dann wurde es totenstille, bis plötzlich es die Treppe herabpolterte,[120] und ein junger Mensch schluchzend hinausstürzte, der sich in eine nahe stehende Postchaise warf und rasch davon fuhr. Tags darauf[121] erschien der Rat sehr heiter, und niemand hatte den Mut, ihn nach der Begebenheit der vorigen Nacht zu fragen. Die Haushälterin sagte aber auf Befragen, daß der Rat ein bildhübsches, blutjunges Mädchen mitgebracht, die er Antonie nenne, und die eben so schön gesungen. Auch sei ein junger Mann mitgekommen, der sehr zärtlich mit Antonien getan, und wohl ihr Bräutigam sein müsse. Der habe aber, weil es der Rat durchaus gewollt, schnell abreisen müssen. — In welchem Verhältniß Antonie mit dem Rat steht, ist bis jetzt ein Geheimnis, aber so viel ist gewiß, daß er **das arme Mädchen auf die gehässigste Weise tyrannisiert.** Er

---

[120] there was a dreadful noise coming down the stairs
[121] The following day

bewacht sie, wie der Doktor Bartholo im Barbier von Sevilla sein Mündel; kaum darf sie sich am Fenster blicken lassen. Führt er sie auf inständiges Bitten einmal in Gesellschaft, so verfolgt er sie mit Argusblicken, und leidet durchaus nicht, daß sich irgend ein musikalischer Ton hören lasse, viel weniger daß Antonie singe, die übrigens auch in seinem Hause nicht mehr singen darf. Antoniens Gesang in jener Nacht ist daher unter dem Publikum der Stadt zu einer Phantasie und Gemüt aufregenden Sage von einem herrlichen Wunder geworden, und selbst die, welche sie gar nicht hörten, sprechen oft, versucht sich eine Sängerin hier am Orte: „Was ist denn das für ein gemeines Quinkelieren?"[122] — Nur Antonie vermag zu singen." —

Ihr wißt, daß ich auf solche fantastische Dinge ganz versessen bin, und könnt wohl denken, wie notwendig ich es fand, Antoniens Bekanntschaft zu machen. Jene Äußerungen des Publikums über Antoniens Gesang hatte ich selbst schon öfters vernommen, aber ich ahnte nicht, daß die Herrliche am Orte sei, und in den Banden des wahnsinnigen Krespels wie eines tyrannischen Zauberers liege. Natürlicher Weise hörte ich auch sogleich in der folgenden Nacht Antoniens wunderbaren Gesang, und da sie mich in einem herrlichen Adagio (lächerlicher Weise kam es mir vor, als hätte ich es selbst komponiert) auf das Rührendste beschwor, sie zu retten, so war ich bald entschlossen, ein zweiter Astolfo in Krespels Haus wie in Alzinens Zauberburg einzudringen, und die Königin des Gesanges aus schmachvollen Banden zu befreien.[123]

Friedrich Rückert gehört nicht zu der Berliner Dichterschule. Er wurde im fränkischen Schweinfurt geboren, studierte auf der Universität Jena und wurde von hier aus als Professor der orientalischen Sprachen an die Universität Erlangen berufen.

[122] wretched squeaking
[123] A reference to Ariosto's "Orlando Furioso," in which Astolpho is carried on the back of a whale to rescue Alcina from an island.

Die jüngere Romantik

Die meisten Werke des Dichters sind die Frucht seiner tiefen Kenntnis des Orients. Er veröffentlichte eine Sammlung orientalischer Lehrsprüche, **„Die Weisheit des Brahmanen"** aus der wir die folgenden Beispiele bringen:

Weißt, wo es keinen Herrn und keinen Diener gibt?
Wo eins dem andern dient, weil eins das andre liebt.

Ich bin ein Blatt des Baums, der ewig neue[124] trägt,
Heil mir, es bleibt mein Stamm, wenn mich der Wind verschlägt.[125]

Der Fluß treibt[126] trüb, der nicht durch einen See gegangen,
Das Herz[127] unlauter, das nicht durch ein Weh gegangen.

Vor jedem steht ein Bild des,[128] was er werden soll:
Solang er das nicht hat, ist nicht sein Friede voll.

Der schrankenlose Geist[129] ist darum nur gefangen
In Schranken, um darin die Freiheit zu erlangen.

Woher ich kam, wohin ich gehe, weiß ich nicht,
Nur dies, von Gott zu Gott,[130] ist meine Zuversicht.

---

[125] carries me away
[124] i.e., *Blätter*
[126] drifts, flows
[127] The verb is still *treibt*, even though it does not fit too well as far as its meaning is concerned.
[128] = *dessen*: of the thing
[129] The spirit, which has no bounds
[130] that I go from God to God

Die schwäbischen Dichter

JOHANN LUDWIG UHLAND (1787–1862)
EDUARD MÖRIKE (1804–1875)
WILHELM HAUFF (1802–1827)

Der Österreicher NIKOLAUS LENAU (1802–1850)

Unter dem Einfluß der Romantik, dem sich kaum ein Dichter der ersten Jahrzehnte des neunzehnten Jahrhunderts entziehen konnte, stehen einige Schwaben, die sich um Ludwig Uhland als ihren Führer sammelten. Auch sie zeigen die typische Neigung zum Volkstümlichen, Religiösen, Gefühlsbetonten. Auch sie sind vor allem der Vergangenheit zugewandt, verlieren sich aber nicht ins Übertriebene oder Phantastische, sondern wirken bürgerlich und seelisch ausgeglichen.

Ludwig Uhland gilt als der bedeutendste der schwäbischen Dichter. Die Gegend um seine Geburtsstadt Tübingen, die klaren Wasser des Neckars und der Wald, der die umliegenden Höhen bekleidet, bildeten in dem jungen Dichter früh den Sinn für landschaftliche Schönheit aus und entwickelten in ihm eine tiefe Liebe zur schwäbischen Heimat. In späteren Jahren widmete er sich der Politik und wurde zum Abgeordneten im württembergischen Landtag gewählt.

Uhlands Gedichte sind der Ausdruck eines schlichten, begeisterungsfähigen Herzens. So sind denn auch viele von ihnen im Ton des Volkslieds[1] gehalten:

Der gute Kamerad

Ich hatt einen Kameraden,
Einen bessern findst du nit.[2]
Die Trommel schlug zum Streite,

---

[1] Many of Uhland's poems have been set to music by Robert Schumann, Franz Schubert, and Johannes Brahms.
[2] = *nicht*

Er ging an meiner Seite
In gleichem Schritt und Tritt.

Eine Kugel kam geflogen,
Gilts[3] mir oder gilt es dir?
Ihn hat es weggerissen,
Er liegt mir vor den Füßen,
Als wärs ein Stück von mir.

Will mir die Hand noch reichen,
Derweil ich eben lad.
Kann dir die Hand nicht geben,
Bleib du im ewgen Leben
Mein guter Kamerad!

Des Knaben Berglied

Ich bin vom Berg der Hirtenknab',
Seh' auf die Schlösser all' herab.
Die Sonne strahlt am ersten hier,
Am längsten weilet sie bei mir.
Ich bin der Knab' vom Berge!

Hier ist des Stromes Mutterhaus,[4]
Ich trink' ihn frisch vom Stein heraus.
Er braust vom Fels in wildem Lauf,
Ich fang' ihn mit den Armen auf.
Ich bin der Knab' vom Berge!

Der Berg, der ist mein Eigentum,
Da ziehn die Stürme rings herum,
Und heulen sie von Nord und Süd,
So überschallt sie doch mein Lied.
Ich bin der Knab' vom Berge!

Sind Blitz und Donner unter mir,
So steh' ich hoch im Blauen hier;
Ich kenne sie und rufe zu:
„Laßt meines Vaters Haus in Ruh"!
Ich bin der Knab' vom Berge!

---

[3] Is it meant for
[4] birthplace; source

Und wann die Sturmglock' einst erschallt,
Manch Feuer auf den Bergen wallt,
Dann steig' ich nieder, tret' ins Glied;[5]
Ich schwing' mein Schwert und sing' mein Lied;
Ich bin der Knab' vom Berge!

Einkehr

Bei einem Wirte, wundermild,
Da war ich jüngst zu Gaste;
Ein goldner Apfel war sein Schild
An einem langen Aste.

Es war der gute Apfelbaum,
Bei dem ich eingekehret;
Mit süßer Kost und frischem Schaum[6]
Hat er mich wohl genähret.

Es kamen in sein grünes Haus
Viel leichtbeschwingte Gäste;
Sie sprangen frei und hielten Schmaus
Und sangen auf das Beste.

Ich fand ein Bett zu süßer Ruh
Auf weichen, grünen Matten;[7]
Der Wirt, er deckte selbst mich zu
Mit seinem kühlen Schatten.

Nun fragt' ich nach der Schuldigkeit,[8]
Da schüttelt' er den Wipfel.
Gesegnet sei er alle Zeit,
Von der Wurzel bis zum Gipfel!

Frühlingsglaube

Die linden Lüfte sind erwacht,
Sie säuseln und weben Tag und Nacht,
Sie schaffen an allen Enden.

---

[5] join the ranks
[6] foam: used here for cider.
[7] meadows
[8] the amount (I) owed (him)

O frischer Duft, o neuer Klang!
Nun, armes Herze, sei nicht bang!
Nun muß sich alles, alles wenden.

Die Welt wird schöner mit jedem Tag,
Man weiß nicht, was noch werden mag,
Das Blühen will nicht enden.
Es blüht das fernste, tiefste Tal:
Nun, armes Herz, vergiß der[9] Qual!
Nun muß sich alles, alles wenden.

Auf den Tod eines Kindes

Du kamst, du gingst mit leiser Spur,
Ein flücht'ger Gast im Erdenland;
Woher? wohin? Wir wissen nur:
Aus Gottes Hand in Gottes Hand.

Schäfers Sonntagslied

Das ist der Tag des Herrn.
Ich bin allein auf weiter Flur.
Noch eine Morgenglocke nur,
Nun Stille nah' und fern.

Anbetend knie ich hier.
O süßes Graun! geheimes Wehn,[10]
Als knieten viele ungesehn
Und beteten mir mir!

Der Himmel nah und fern
Er ist so klar und feierlich,
So ganz, als wollt' er öffnen sich.
Das ist der Tag des Herrn.

Uhlands besondere lyrisch-epische Begabung findet in der Ballade ihren vollkommensten Ausdruck:

---

[9] Genitive, archaic and poetic after *vergessen*.
[10] mysterious breath (of air)

Bertran de Born[11]

Droben auf dem schroffen Steine
Raucht in Trümmern Autafort,
Und der Burgherr steht gefesselt
Vor des Königs Zelte dort:
„Kamst du, der mit Schwert und Liedern
Aufruhr trug von Ort zu Ort,
Der die Kinder aufgewiegelt
Gegen ihres Vaters Wort?

„Steht vor mir, der sich gerühmet
In vermess'ner Prahlerei,
Daß ihm nie mehr als die Hälfte
Seines Geistes nötig sei?
Nun[12] der halbe dich nicht rettet,
Ruf den ganzen doch herbei,
Daß er neu dein Schloß dir baue,
Deine Ketten brech' entzwei!" —

„Wie du sagst, mein Herr und König,
Steht vor dir Bertran de Born,
Der mit einem Lied entflammte
Perigord und Ventadorn,
Der dem mächtigen Gebieter
Stets im Auge war ein Dorn,
Dem zu Liebe Königskinder
Trugen ihres Vaters Zorn.

„Deine Tochter saß im Saale
Festlich, eines Herzogs Braut,
Und da sang vor ihr mein Bote,
Dem ein Lied ich anvertraut,
Sang, was einst ihr Stolz gewesen,

---

[11] Bertran (or Bertrand) de Born was a French troubadour and soldier. He took part in the struggles of the sons of Henry II against their father and is said to have written two love poems for one of Henry's daughters. He was imprisoned by Henry, but after the collapse of the rebellion of Henry's sons, he was released. This is the historical raw material from which Uhland fashioned his dramatic ballad.

[12] Since now

Ihres Dichters Sehnsuchtslaut,[13]
Bis ihr leuchtend Brautgeschmeide
Ganz von Tränen war betaut.

„Aus des Ölbaums[14] Schlummerschatten
Fuhr Dein bester Sohn empor,
Als mit zorn'gen Schlachtgesängen
Ich bestürmen ließ sein Ohr;
Schnell war ihm das Roß gegürtet,
Und ich trug das Banner vor,
Jenem Todespfeil entgegen,
Der ihn traf vor Montforts Tor.

„Blutend lag er mir im Arme;
Nicht der scharfe, kalte Stahl,
Daß er sterb' in deinem Fluche,
Das war seines Sterbens Qual.
Strecken wollt' er dir die Rechte
Über Meer, Gebirg und Tal;
Als er deine nicht erreichet,
Drückt' er meine noch einmal.

„Da, wie Autafort dort oben,
Ward gebrochen meine Kraft;
Nicht die ganze, nicht die halbe
Blieb mir, Saite nicht, noch Schaft.[15]
Leicht hast du den Arm gebunden,
Seit der Geist mir liegt in Haft;
Nur zu einem Trauerliede
Hat er sich noch aufgerafft."

Und der König senkt die Stirne:
„Meinen Sohn hast du verführt,
Hast der Tochter Herz verzaubert,
Hast auch meines nun gerührt:
Nimm die Hand, du Freund des Toten,

---

[13] song of yearning
[14] olive tree: symbol of peace.
[15] neither string nor shaft: neither the troubadour's nor the soldier's equipment (and strength).

Eduard Mörike

Die, verzeihend, ihm gebührt!
Weg die Fesseln! Deines Geistes
Hab' ich einen Hauch verspürt."

Eduard Mörike wurde in Ludwigsburg geboren. Er studierte Theologie und wurde Pfarrer in Cleversulzbach, einem kleinen Ort im Schwabenland. Im Laufe dieser neun Jahre, die er in der „Idylle vom Bodensee" beschrieben hat, entstanden neben einigen Erzählungen manche seiner schönsten Gedichte:

Er ist's

Frühling läßt sein blaues Band
Wieder flattern durch die Lüfte;
Süße, wohlbekannte Düfte
Streifen ahnungsvoll[16] das Land.
Veilchen träumen schon,
Wollen balde kommen.
— Horch, von fern ein leiser Harfenton!
Frühling, ja, du bist's!
Dich hab' ich vernommen!

Das verlassene Mägdlein

Früh, wann die Hähne krähn,
Eh' die Sternlein verschwinden,
Muß ich am Herde stehn,
Muß Feuer zünden.

Schön ist der Flammen Schein,
Es springen die Funken;
Ich schaue so drein,
In Leid versunken.

---

[16] full of presentiments; promisingly

Plötzlich, da kommt es mir,
Treuloser Knabe,
Daß ich die Nacht von dir
Geträumet habe.

Träne auf Träne dann
Stürzet hernieder;
So kommt der Tag heran —
O ging' er wieder!

Verborgenheit

Laß, o Welt, o laß mich sein!
Locket nicht mit Liebesgaben,
Laßt dies Herz alleine haben
Seine Wonne, seine Pein!

Was ich traure, weiß ich nicht,
Es ist unbekanntes Wehe;[17]
Immerdar durch Tränen sehe
Ich der Sonne liebes Licht.

Oft bin ich mir kaum bewußt,
Und die helle Freude zücket
Durch die Schwere,[18] so mich drücket,
Wonniglich in meiner Brust.

Laß, o Welt, o laß mich sein!
Locket nicht mit Liebesgaben,
Laßt dies Herz alleine haben
Seine Wonne, seine Pein!

Gebet

Herr, schicke, was du willt,[19]
Ein Liebes oder Leides!
Ich bin vergnügt, daß beides
Aus deinen Händen quillt.

---

[17] sorrow, grief
[18] the heaviness (of my soul)
[19] = *willst*

Und wollest mit Leiden
Mich nicht überschütten!
Doch in der Mitten
Liegt holdes Bescheiden.[20]

Septembermorgen

Im Nebel ruhet noch die Welt,
Noch träumen Wald und Wiesen:
Bald siehst du, wenn der Schleier fällt,
Den blauen Himmel unverstellt,[21]
Herbstkräftig[22] die gedämpfte[23] Welt
In warmem Golde fließen.

Denk' es, o Seele

Ein Tännlein grünet wo,
Wer weiß, im Walde,
Ein Rosenstrauch, wer sagt,
In welchem Garten?
Sie sind erlesen[24] schon —
Denk' es, o Seele! —
Auf deinem Grab zu wurzeln
Und zu wachsen.

Zwei schwarze Rößlein weiden
Auf der Wiese,
Sie kehren heim zur Stadt
In muntern Sprüngen.
Sie werden schrittweis gehn
Mit Deiner Leiche;
Vielleicht, vielleicht noch eh'
An ihren Hufen
Das Eisen los wird,[25]
Das ich blitzen sehe!

[20] moderation: i.e., a balance of joy and grief
[21] unconcealed
[22] with autumnal vigor
[23] muted; subdued
[24] chosen
[25] the horseshoe comes loose

Um Mitternacht

Gelassen stieg die Nacht ans Land,
Lehnt träumend an der Berge Wand;
Ihr Auge sieht die goldne Wage nun
Der Zeit[26] in gleichen Schalen[27] stille ruhn.
    Und kecker rauschen die Quellen hervor,
    Sie singen der Mutter, der Nacht, ins Ohr
        Vom Tage,
    Vom heute gewesenen Tage.

Das uralt alte Schlummerlied —
Sie achtet's nicht, sie ist es müd';
Ihr klingt des Himmels Bläue süßer noch,
Der flücht'gen Stunden gleichgeschwung'nes[28] Joch.
    Doch immer behalten die Quellen das Wort,[29]
    Es singen die Wasser im Schlafe noch fort
        Vom Tage,
    Vom heute gewesenen Tage.

    Mörikes naive Empfänglichkeit für die Natur und das Empfinden des Volkes kommt auch in seinem Bildungsroman „Maler Nolten" zu bedeutendem Ausdruck. In ihm hat er seine eigene Entwicklung dargestellt. In den Märchen „Das Stuttgarter Hutzelmännlein" und „Die Geschichte von der schönen Lau" wußte Mörike die Gestalten der Volksphantasie so lebendig zu machen, als könnten sie gar nicht anders sein.
    Der Dichter liebte Mozart von Jugendtagen an, und Mozarts Geist geleitete ihn auf eine weitere Höhe seines Schaffens in der Novelle **„Mozart auf der Reise nach Prag."** Daraus ist die folgende Probe entnommen:

[26] the balance of Time
[27] with equal scales; in equilibrium
[28] evenly curved
[29] *das Wort behalten*: go on talking

Sie[30] waren ins Tal herabgekommen und näherten sich einem Dorf, das ihnen bereits auf der Höhe bemerklich gewesen, und hinter welchem sich unmittelbar ein kleines Schloß von modernem Ansehen, der Wohnsitz eines Grafen von Schinzberg, in der freundlichen Ebene zeigte. Es sollte in dem Ort gefüttert, gerastet und Mittag gehalten werden. Der Gasthof, wo sie hielten, lag vereinzelt am Ende des Dorfs bei der Straße, von welcher seitwärts eine Pappelallee von nicht sechshundert Schritten zum herrschaftlichen Garten führte.

Mozart, nachdem man ausgestiegen, überließ, wie gewöhnlich, der Frau die Bestellung des Essens. Inzwischen befahl er für sich ein Glas Wein in die untere Stube, während sie, nächst einem Trunke frischen Wassers, nur irgend einen stillen Winkel, um ein Stündchen zu schlafen, verlangte. Man führte sie eine Treppe hinauf, der Gatte folgte, ganz munter vor sich hin singend und pfeifend. In einem rein geweißten und schnell gelüfteten Zimmer befand sich unter andern veralteten Möbeln von edlerer Herkunft — sie waren ohne Zweifel aus den gräflichen Gemächern seinerzeit hierher gewandert — ein sauberes, leichtes Bett mit gemaltem Himmel auf dünnen, grün lackierten Säulen, dessen seidene Vorhänge längst durch einen gewöhnlicheren Stoff ersetzt waren. Konstanze machte sich's bequem, er versprach, sie rechtzeitig zu wecken, sie riegelte die Türe hinter ihm zu, und er suchte nunmehr Unterhaltung für sich in der allgemeinen Schenkstube. Hier war jedoch außer dem Wirt keine Seele, und weil dessen Gespräch dem Gast so wenig wie sein Wein behagte, so bezeugte er Lust, bis der Tisch bereit wäre, noch einen Spaziergang nach dem Schloßgarten zu machen. Der Zutritt, hörte er, sei anständigen Fremden wohl gestattet und die Familie überdies heut ausgefahren.

Er ging und hatte bald den kurzen Weg bis zu dem offenen Gattertor zurückgelegt, dann langsam einen hohen alten Lindengang durchmessen, an dessen Ende linker Hand er in geringer Entfernung das Schloß von seiner Fronte auf einmal vor sich hatte. Es war von italienischer Bauart, hell getüncht, mit weit

---

[30] In the Fall of 1787 Mozart and his wife took a trip to Prague to attend the performance of "Don Giovanni."

vorliegender Doppeltreppe; das Schieferdach verzierten einige Statuen in üblicher Manier, Götter und Göttinnen, samt einer Balustrade.

Von der Mitte zweier großen, noch reichlich[31] blühenden Blumenparterre[32] ging unser Meister nach den buschigen Teilen der Anlagen zu, berührte ein paar schöne dunkle Piniengruppen und lenkte seine Schritte auf vielfach gewundenen Pfaden, indem er sich allmählich den lichteren Partien wieder näherte, dem lebhaften Rauschen eines Springbrunnens nach, den er sofort erreichte.

Das ansehnlich breite, ovale Bassin war rings von einer sorgfältig gehaltenen Orangerie in Kübeln, abwechselnd mit Lorbeeren und Oleandern, umstellt; ein weicher Sandweg, gegen den sich eine schmale Gitterlaube[33] öffnete, lief rund umher. Die Laube bot das angenehmste Ruheplätzchen dar; ein kleiner Tisch stand vor der Bank, und Mozart ließ sich vorn am Eingang nieder.

Das Ohr behaglich dem Geplätscher des Wassers hingegeben, das Aug' auf einen Pomeranzenbaum von mittlerer Größe geheftet,[34] der außerhalb der Reihe, einzeln, ganz dicht an seiner Seite auf dem Boden stand und voll der schönsten Früchte hing, ward unser Freund durch diese Anschauung des Südens alsbald auf eine liebliche Erinnerung aus seiner Knabenzeit geführt. Nachdenklich[35] lächelnd reicht er hinüber nach der nächsten Frucht, als wie um ihre herrliche Ründe, ihre saftige Kühle in hohler Hand zu fühlen. Ganz im Zusammenhang mit jener Jugendszene aber, die wieder vor ihm aufgetaucht, stand eine längst verwischte musikalische Reminiszenz, auf deren unbestimmter Spur er sich ein Weilchen träumerisch erging. Jetzt glänzen seine Blicke, sie irren da und dort umher, er ist von einem Gedanken ergriffen, den er sogleich eifrig verfolgt. Zerstreut hat er zum zweiten Male die Pomeranze angefaßt, sie geht vom Zweige los und bleibt ihm in der Hand. Er sieht und sieht es nicht; ja, so weit geht die künstlerische Geistesabwesenheit, daß er, die duf-

---

[31] =*reich*
[32] flower parterre: ornamental arrangement of flower beds
[33] trellised arbor
[34] *das Auge auf (etwas) geheftet*: with his eyes fastened on (something)
[35] thoughtfully

tige Frucht beständig unter der Nase hin und her wirbelnd und bald den Anfang, bald die Mitte einer Weise[36] unhörbar zwischen den Lippen bewegend, zuletzt instinktmäßig ein emailliertes Etui aus der Seitentasche des Rocks hervorbringt, ein kleines Messer mit silbernem Heft daraus nimmt und die gelbe kugelige Masse von oben nach unten langsam durchschneidet. Es mochte ihn dabei entfernt ein dunkles Durstgefühl[37] geleitet haben, jedoch begnügten sich die angeregten Sinne mit Einatmung des köstlichen Geruchs. Er starrt minutenlang die beiden inneren Flächen an, fügt sie sachte wieder zusammen, ganz sachte, trennt und vereinigt sie wieder.

Da hört er Tritte in der Nähe, er erschrickt, und das Bewußtsein, wo er ist, was er getan, stellt sich urplötzlich bei ihm ein. Schon im Begriff, die Pomeranze zu verbergen, hält er doch gleich damit inne,[38] sei es aus Stolz, sei's, weil es zu spät dazu war. Ein großer, breitschulteriger Mann in Livree, der Gärtner des Hauses, stand vor ihm. Derselbe hatte wohl die letzte verdächtige Bewegung noch gesehen und schwieg betroffen einige Sekunden. Mozart, gleichfalls sprachlos, auf seinem Sitz wie angenagelt, schaute ihm halb lachend, unter sichtbarem Erröten, doch gewissermaßen keck und groß mit seinen blauen Augen ins Gesicht; dann setzte er — für einen dritten wäre es höchst komisch anzusehen gewesen — die scheinbar unverletzte Pomeranze mit einer Art von trotzig couragiertem Nachdruck in die Mitte des Tisches.

„Um Vergebung," fing jetzt der Gärtner, nachdem er den wenig versprechenden Anzug des Fremden gemustert, mit unterdrücktem Unwillen an, „ich weiß nicht, wen ich hier —"

„Kapellmeister Mozart aus Wien."

„Sind ohne Zweifel bekannt im Schloß?"

„Ich bin hier fremd und auf der Durchreise. Ist der Herr Graf anwesend?"

„Nein."

„Seine Gemahlin?"

„Sind beschäftigt und schwerlich zu sprechen."

Mozart stand auf und machte Miene zu gehen.

---

[36] melody
[37] vague feeling of thirst
[38] *innehalten* = *einhalten*: stop (doing)

„Mit Erlaubnis, mein Herr, — wie kommen Sie dazu, an diesem Ort auf solche Weise zuzugreifen?"

„Was?" rief Mozart, „zugreifen? Zum Teufel, glaubt Er denn, ich wollte stehlen und das Ding da fressen?"

„Mein Herr, ich glaube, was ich sehe. Diese Früchte sind gezählt, ich bin dafür verantwortlich. Der Baum ist vom Herrn Grafen zu einem Fest bestimmt, soeben soll er weggebracht werden. Ich lasse Sie nicht fort, ehbevor[39] ich die Sache gemeldet und Sie mir selbst bezeugten, wie das da zugegangen ist."

„Sei's drum.[40] Ich werde hier so lange warten. Verlaß Er sich darauf!"

Der Gärtner sah sich zögernd um, und Mozart, in der Meinung, es sei vielleicht nur auf ein Trinkgeld abgesehen, griff in die Tasche, allein er hatte das geringste nicht bei sich.

Zwei Gartenknechte kamen nun wirklich herbei, luden den Baum auf eine Bahre und trugen ihn hinweg. Inzwischen hatte unser Meister seine Brieftasche gezogen, ein weißes Blatt herausgenommen und, während daß der Gärtner nicht von der Stelle wich, mit Bleistift angefangen zu schreiben:

„Gnädigste Frau! Hier sitze ich Unseliger in Ihrem Paradiese, wie weiland Adam nachdem er den Apfel gekostet. Das Unglück ist geschehen, und ich kann nicht einmal die Schuld auf eine gute Eva schieben, die eben jetzt, von Grazien und Amoretten eines Himmelbetts[41] umgaukelt, im Gasthof sich des unschuldigsten Schlafes erfreut. Befehlen Sie, und ich stehe persönlich Ihro Gnaden Rede[42] über meinen mir selbst unfaßlichen Frevel. Mit aufrichtiger Beschämung
      Hochdero
        untertänigster Diener
         W. A. Mozart,
          auf dem Wege nach Prag".

Er übergab das Billett, ziemlich ungeschickt zusammengefaltet, dem peinlich wartenden Diener mit der nötigen Weisung.

---

[39] = *ehe* or *bevor*
[40] Very well then
[41] four-poster
[42] will account for

Der Unhold hatte sich nicht sobald entfernt, als man an der hinteren Seite des Schlosses ein Gefährt in den Hof rollen hörte. Es war der Graf, der eine Nichte und ihren Bräutigam, einen jungen reichen Baron, vom benachbarten Gut herüberbrachte. Da die Mutter des letzteren seit Jahren das Haus nicht mehr verließ, war die Verlobung heute bei ihr gehalten worden; nun sollte dieses Fest in einer fröhlichen Nachfeier mit einigen Verwandten auch hier begangen werden, wo Eugenie, gleich einer eigenen Tochter, seit ihrer Kindheit eine zweite Heimat fand. Die Gräfin war mit ihrem Sohne Max, dem Leutnant, etwas früher nach Hause gefahren, um noch verschiedene Anordnungen zu treffen. Nun sah man in dem Schlosse alles auf Gängen und Treppen in voller Bewegung, und nur mit Mühe gelang es dem Gärtner, im Vorzimmer endlich den Zettel der Frau Gräfin einzuhändigen, die ihn jedoch nicht auf der Stelle öffnete, sondern, ohne genau auf die Worte des Überbringers zu achten, geschäftig weiter eilte. Er wartete und wartete, sie kam nicht wieder. Eins um das andere von der Dienerschaft, Aufwärter, Zofe, Kammerdiener, rannte an ihm vorbei; er fragte nach dem Herrn — der kleidete sich um; er suchte nun und fand den Grafen Max auf seinem Zimmer, der aber unterhielt sich angelegentlich mit dem Baron und schnitt ihm, wie in Sorge, er wolle etwas melden oder fragen, wovon noch nichts verlauten sollte, das Wort vom Munde ab:[43] „Ich komme schon — geht nur!" Es stand noch eine gute Weile an, bis endlich Vater und Sohn zugleich herauskamen und die fatale Nachricht empfingen.

„Das wär' ja höllenmäßig!" rief der dicke, gutmütige, doch etwas jähe Mann, „das geht ja über alle Begriffe! Ein Wiener Musikus, sagt Ihr? Vermutlich irgend solch ein Lump, der um ein Viatikum läuft und mitnimmt, was er findet?"

„Verzeihen Ew. Gnaden, danach sieht er gerad' nicht aus. Er deucht mir nicht richtig im Kopf, auch ist er sehr hochmütig. Moser nennt er sich. Er wartet unten auf Bescheid; ich hieß den Franz um den Weg bleiben und ein Aug' auf ihn haben."

„Was hilft es hinterdrein, zum Henker! Wenn ich den Narren auch einstecken lasse, der Schaden ist nicht mehr zu reparieren. Ich sagt' Euch tausendmal, das vordere Tor soll allezeit ge-

---

[43] *schnitt ihm das Wort vom Munde ab*: cut him off

schlossen bleiben. Der Streich wär' aber jedenfalls verhütet worden, hättet Ihr zur rechten Zeit Eure Zurüstungen gemacht."

Hier trat die Gräfin hastig und mit freudiger Aufregung, das offene Billett in der Hand, aus dem anstoßenden Kabinett. „Wißt ihr," rief sie, „wer unten ist? Um Gottes willen, lest den Brief — Mozart aus Wien, der Komponist! Man muß gleich gehen, ihn heraufzubitten — ich fürchte nur, er ist schon fort! Was wird er von mir denken! Ihr, Velten, seid ihm doch höflich begegnet? Was ist denn eigentlich geschehen?"

„Geschehn?" versetzte der Gemahl, dem die Aussicht auf den Besuch eines berühmten Mannes unmöglich allen Ärger auf der Stelle niederschlagen konnte. „Der tolle Mensch hat von dem Baum, den ich Eugenien bestimmte, eine der neun Orangen abgerissen — hm! das Ungeheuer! Somit ist unserem Spaß geradezu die Spitze abgebrochen, und Max mag sein Gedicht nur gleich kassieren."

„O nicht doch!" sagte die dringende Dame. „Die Lücke läßt sich leicht ausfüllen, überlaßt es nur mir. Geht beide jetzt, erlöst, empfangt den guten Mann, so freundlich und so schmeichelhaft ihr immer könnt. Er soll, wenn wir ihn irgend halten können, heut nicht weiter. Trefft ihr ihn nicht im Garten mehr, sucht ihn im Wirtshaus auf und bringet ihn mit seiner Frau! Ein größeres Geschenk, eine schönere Überraschung für Eugenien hätte der Zufall uns an diesem Tag nicht machen können."

„Gewiß!" erwiderte Max, „dies war auch mein erster Gedanke. Geschwinde, kommen Sie, Papa! Und" — sagte er, indem sie eilends nach der Treppe liefen — „der Verse wegen seien Sie ganz ruhig! Die neunte Muse soll nicht zu kurz kommen; im Gegenteil, ich werde aus dem Unglück noch besonderen Vorteil ziehen." — „Das ist unmöglich." — „Ganz gewiß!" — „Nun, wenn das ist — allein ich nehme dich beim Wort — so wollen wir dem Querkopf alle erdenkliche Ehre erzeigen."

Solange dies im Schloß vorging, hatte sich unser Quasi-Gefangener, ziemlich unbesorgt über den Ausgang der Sache, geraume Zeit schreibend beschäftigt. Weil sich jedoch gar niemand sehen ließ, fing er an unruhig hin und her zu gehen; darüber kam dringliche Botschaft vom Wirtshaus, der Tisch sei schon lange bereit, er möchte ja gleich kommen, der Postillon pressiere.

So suchte er denn seine Sachen zusammen und wollte ohne weiteres aufbrechen, als beide Herren vor der Laube erschienen.

Der Graf begrüßte ihn, beinah' wie einen früheren Bekannten, lebhaft mit seinem kräftig schallenden Organ, ließ ihn zu gar keiner Entschuldigung kommen, sondern erklärte sogleich seinen Wunsch, das Ehepaar zum wenigsten für diesen Mittag und Abend im Kreis seiner Familie zu haben. „Sie sind uns, mein liebster Maestro, so wenig fremd, daß ich wohl sagen kann, der Name Mozart wird schwerlich anderswo mit mehr Begeisterung und häufiger genannt als hier. Meine Nichte singt und spielt, sie bringt fast ihren ganzen Tag am Flügel zu, kennt Ihre Werke auswendig und hat das größte Verlangen, Sie einmal in mehrerer Nähe zu sehen, als es vorigen Winter in einem Ihrer Konzerte anging. Da wir nun demnächst auf einige Wochen nach Wien gehen werden, so war ihr eine Einladung beim Fürsten Gallizin, wo man Sie öfter findet, von den Verwandten versprochen. Jetzt aber reisen Sie nach Prag, werden sobald nicht wiederkehren, und Gott weiß, ob Sie der Rückweg zu uns führt. Machen Sie heute und morgen Rasttag! Das Fuhrwerk schicken wir sogleich nach Hause, und mir erlauben Sie die Sorge für Ihr Weiterkommen."

Der Komponist, welcher in solchen Fällen der Freundschaft oder dem Vergnügen leicht zehnmal mehr, als hier gefordert war, zum Opfer brachte, besann sich nicht lange; er sagte diesen einen halben Tag mit Freuden zu, dagegen sollte morgen mit dem Frühesten die Reise fortgesetzt werden. Graf Max erbat sich das Vergnügen, Madame Mozart abzuholen und alles Nötige im Wirtshaus abzumachen. Er ging, ein Wagen sollte ihm gleich auf dem Fuße nachfolgen.

Von diesem jungen Mann bemerken wir beiläufig, daß er mit einem von Vater und Mutter angeerbten heitern Sinn Talent und Liebe für schöne Wissenschaften verband und ohne wahre Neigung zum Soldatenstand sich doch als Offizier durch Kenntnisse und gute Sitten hervortat. Er kannte die französische Literatur und erwarb sich zu einer Zeit, wo deutsche Verse in der höheren Gesellschaft wenig galten, Lob und Gunst durch eine nicht gemeine Leichtigkeit der poetischen Form in der Muttersprache nach guten Mustern, wie er sie in Hagedorn, in Götz und andern fand. Für heute war ihm nun, wie wir bereits vernahmen, ein besonders erfreulicher Anlaß geworden, seine Gabe zu nutzen.

Er traf Madame Mozart, mit der Wirtstochter plaudernd, vor dem gedeckten Tisch, wo sie sich einen Teller Suppe vorausgenommen hatte. Sie war an außerordentliche Zwischenfälle, an kecke Stegreifsprünge[44] ihres Mannes zu sehr gewöhnt, als daß sie über die Erscheinung und den Auftrag des jungen Offiziers mehr als billig hätte betreten[45] sein können. Mit unverstellter[46] Heiterkeit, besonnen und gewandt besprach und ordnete sie ungesäumt alles Erforderliche selbst. Es wurde umgepackt, bezahlt, der Postillon entlassen; sie machte sich, ohne zu große Ängstlichkeit in Herstellung ihrer Toilette, fertig und fuhr mit dem Begleiter wohlgemut dem Schlosse zu, nicht ahnend, auf welche sonderbare Weise ihr Gemahl sich dort eingeführt hatte.

Der befand sich inzwischen bereits sehr behaglich daselbst und auf das beste unterhalten. Nach kurzer Zeit sah er Eugenien mit ihrem Verlobten, ein blühendes, höchst anmutiges, inniges Wesen. Sie war blond, ihre schlanke Gestalt in karmoisinrote, leuchtende Seide[47] mit kostbaren Spitzen festlich gekleidet, um ihre Stirn ein weißes Band mit edlen Perlen. Der Baron, nur wenig älter als sie, von sanftem, offenem Charakter, schien ihrer wert in jeder Rücksicht.

Den ersten Aufwand des Gesprächs bestritt,[48] fast nur zu freigebig, der gute, launige Hausherr vermöge[49] seiner etwas lauten, mit Späßen und Histörchen sattsam gespickten[50] Unterhaltungsweise. Es wurden Erfrischungen gereicht, die unser Reisender im mindesten nicht schonte.

Eines hatte den Flügel geöffnet, Figaros Hochzeit lag aufgeschlagen, und das Fräulein schickte sich an, von dem Baron akkompagniert, die Arie Susannas in jener Gartenszene zu singen, wo wir den Geist der süßen Leidenschaft stromweise, wie die gewürzte sommerliche Abendluft, einatmen. Die feine Röte auf

---

[44] impromptu actions
[45] unduly disconcerted
[46] natural
[47] lustrous crimson silk
[48] The initial effort to start a conversation was taken care of by ...
[49] by virtue of
[50] interlarded

Eugeniens Wangen wich zwei Atemzüge lang der äußersten Blässe; doch mit dem ersten Ton, der klangvoll über ihre Lippen kam, fiel ihr jede beklemmende Fessel vom Busen. Sie hielt sich lächelnd, sicher auf der hohen Woge, und das Gefühl dieses Moments, des einzigen in seiner Art vielleicht für alle Tage ihres Lebens, begeisterte sie billig.

Mozart war offenbar überrascht. Als sie geendigt hatte, trat er zu ihr und fing mit seinem ungezierten Herzensausdruck an: „Was soll man sagen, liebes Kind, hier, wo es ist wie mit der lieben Sonne, die sich am besten selber lobt, indem es gleich jedermann wohl in ihr wird! Bei solchem Gesang ist der Seele zumut wie dem Kindchen im Bad: es lacht und wundert sich und weiß sich in der Welt nichts Besseres. Übrigens glauben Sie mir! unsereinem in Wien begegnet es nicht jeden Tag, daß er so lauter, ungeschminkt und warm, ja so komplett sich selber zu hören bekommt." — Damit erfaßte er ihre Hand und küßte sie herzlich. Des Mannes hohe Liebenswürdigkeit und Güte nicht minder als das ehrenvolle Zeugnis, wodurch er ihr Talent auszeichnete, ergriff Eugenien mit jener unwiderstehlichen Rührung, die einem leichten Schwindel gleicht, und ihre Augen wollten sich plötzlich mit Tränen anfüllen.

Hier trat Madame Mozart zur Türe herein, und gleich darauf erschienen neue Gäste, die man erwartet hatte: eine dem Haus sehr eng verwandte freiherrliche Familie aus der Nähe mit einer Tochter, Franziska, die seit den Kinderjahren mit der Braut durch die zärtlichste Freundschaft verbunden und hier wie daheim war.

Man hatte sich allerseits begrüßt, umarmt, beglückwünscht, die beiden Wiener Gäste vorgestellt, und Mozart setzte sich an den Flügel. Er spielte einen Teil eines Konzerts von seiner Komposition, welches Eugenie soeben einstudierte.

Die Wirkung eines solchen Vortrags in einem kleinen Kreis, wie der gegenwärtige, unterscheidet sich natürlicherweise von jedem ähnlichen an einem öffentlichen Orte durch die unendliche Befriedigung, die in der unmittelbaren Berührung mit der Person des Künstlers und seinem Genius innerhalb der häuslichen bekannten Wände liegt.

Es war eines jener glänzenden Stücke, worin die reine Schönheit sich einmal, wie aus Laune, freiwillig in den Dienst der

Eleganz begibt, so aber, daß sie, gleichsam nur verhüllt in diese mehr willkürlich spielenden Formen und hinter eine Menge blendender Lichter versteckt, doch in jeder Bewegung ihren eigensten Adel verrät und ein herrliches Pathos verschwenderisch ausgießt.

Die Gräfin machte für sich die Bemerkung, daß die meisten Zuhörer, vielleicht Eugenie selbst nicht ausgenommen, trotz der gespanntesten Aufmerksamkeit und aller feierlichen Stille während eines bezaubernden Spiels doch zwischen Auge und Ohr gar sehr geteilt waren. In unwillkürlicher Beobachtung des Komponisten, seiner schlichten, beinahe steifen Körperhaltung, seines gutmütigen Gesichts, der rundlichen Bewegung dieser kleinen Hände war es gewiß auch nicht leicht möglich, dem Zudrang tausendfacher Kreuz- und Quergedanken[51] über den Wundermann zu widerstehen.

Zu Madame Mozart gewendet, sagte der Graf, nachdem der Meister aufgestanden war: „Einem berühmten Künstler gegenüber, wenn es ein Kennerlob zu spitzen gilt,[52] das halt nicht eines jeden Sache ist,[53] wie haben es die Könige und Kaiser gut! Es nimmt sich eben alles einzig und außerordentlich in einem solchen Munde aus.[54] Was dürfen sie sich nicht erlauben! und wie bequem ist es z. B., dicht hinterm Stuhl Ihres Herrn Gemahls, beim Schlußakkord einer brillanten Phantasie dem bescheidenen klassischen Mann auf die Schulter zu klopfen und zu sagen: ‚Sie sind ein Tausendsasa, lieber Mozart!' Kaum ist das Wort heraus, so geht's wie ein Lauffeuer durch den Saal: ‚Was hat er ihm gesagt?' — ‚Er sei ein Tausendsasa, hat er zu ihm gesagt.' Und alles, was da geigt und fistuliert und komponiert, ist außer sich[55] von diesem einen Wort; kurzum, es ist der große Stil, der familiäre Kaiserstil, der unnachahmliche, um welchen ich die Josephs und die Friedrichs von je beneidet habe."

Die Art, wie der Schäker dergleichen vorbrachte, bestach immerhin und rief unausbleiblich ein Lachen hervor.

Nun aber, auf die Einladung der Hausfrau, verfügte die

---

[51] thoughts running in every direction
[52] if one is called upon to formulate a connoisseur's praise
[53] which, after all, not everybody can do
[54] *sich ausnehmen*: appear to be (= look, sound, etc.)
[55] is in a state of ecstasy

Gesellschaft sich nach dem geschmückten runden Speisesalon, aus welchem den Eintretenden ein festlicher Blumengeruch und eine kühlere, dem Appetit willkommene Lust entgegenwehte.

Man nahm die schicklich ausgeteilten Plätze ein, und zwar der distinguierte Gast den seinigen dem Brautpaar gegenüber. Von einer Seite hatte er eine kleine ältliche Dame, eine unverheiratete Tante Franziskas, von der andern die junge reizende Nichte selbst zur Nebensitzerin, die sich durch Geist und Munterkeit ihm bald besonders zu empfehlen wußte. Frau Konstanze kam zwischen den Hauswirt und ihren freundlichen Geleitsmann,[56] den Leutnant; die übrigen reihten sich ein, und so saß man zu elfen nach Möglichkeit bunt[57] an der Tafel, deren unteres Ende leer blieb. Auf ihr erhoben sich mitten zwei mächtig große Porzellanaufsätze mit gemalten Figuren, breite Schalen gehäuft voll natürlicher Früchte und Blumen über sich haltend. An den Wänden des Saals hingen reiche Festons. Was sonst da war oder nach und nach folgte, schien einen ausgedehnten Schmaus zu verkünden. Teils auf der Tafel zwischen Schüsseln und Platten, teils vom Serviertisch herüber im Hintergrund blinkte verschiedenes edle Getränk vom schwärzesten Rot bis hinauf zu dem gelblichen Weiß, dessen lustiger Schaum herkömmlich erst die zweite Hälfte eines Festes krönt.

Bis gegen diesen Zeitpunkt hin bewegte sich die Unterhaltung, von mehreren Seiten gleich lebhaft genährt, in allen Richtungen. Weil aber der Graf gleich anfangs einigemal von weitem und jetzt nur immer näher und mutwilliger auf Mozarts Gartenabenteuer anspielte, so daß die einen heimlich lächelten, die andern sich umsonst den Kopf zerbrachen, was er denn meine, so ging unser Freund mit der Sprache heraus.

„Ich will in Gottes Namen beichten," fing er an, „auf was Art mir eigentlich die Ehre der Bekanntschaft mit diesem edlen Haus geworden ist. Ich spiele dabei nicht die würdigste Rolle, und um ein Haar, so säß' ich jetzt, statt hier vergnügt zu tafeln, in einem abgelegenen Arrestantenwinkel[58] des gräflichen Schlosses und könnte mir mit leerem Magen die Spinneweben an der Wand herum betrachten."

[56] escort
[57] in so far as possible, with each lady next to a gentleman
[58] some hole in the wall for prisoners

„Nun ja," rief Madame Mozart, „da werd' ich schöne Dinge hören!"

Ausführlich nun beschrieb er erst, wie er im Weißen Roß seine Frau zurückgelassen, die Promenade in den Park, den Unstern in der Laube, den Handel mit der Gartenpolizei: kurz, ungefähr was wir schon wissen, gab er alles mit größter Treuherzigkeit und zum höchsten Ergötzen der Zuhörer preis. Das Lachen wollte fast kein Ende nehmen; selbst die gemäßigte Eugenie enthielt sich nicht, es schüttelte sie ordentlich.

„Nun," fuhr er fort, „das Sprichwort sagt: Hat einer den Nutzen, dem Spott mag er trutzen! Ich hab' meinen kleinen Profit von der Sache, Sie werden schon sehen. Vor allem aber hören Sie, wie's eigentlich geschah, daß sich ein alter Kindskopf so vergessen konnte. Eine Jugenderinnerung war mit im Spiele."

Der Stuttgarter **Wilhelm Hauff** wurde Hauslehrer in einer adeligen Familie, für deren Kinder er eine Sammlung orientalischer Märchen schrieb. Seine Dichtungen sind ein Spiegel seiner glücklichen Veranlagung, die jedem Erlebnis eine frohe Seite abgewann.

Wie manche andere seiner Werke zeigt sein historischer Roman „Lichtenstein" Hauffs sympathische Vertiefung in die Vergangenheit. Anmutige Fabulierkunst[59] bietet der Dichter in den Novellen „Jud Süß", „Die Bettlerin vom Pont des Arts", und „Phantasien im Bremer Ratskeller".

Nach Vollendung des letzten Werkes, das als „Herbstgeschenk für Freunde des Weins" gedacht war, raffte eine tückische Krankheit den erst Fünfundzwanzigjährigen dahin.

Im folgenden ist eines seiner reizvollsten Märchen wiedergegeben:

Die Geschichte von dem kleinen Muck

In Nizäa, meiner lieben Vaterstadt, wohnte ein Mann, den man den kleinen Muck hieß. Ich kann mir ihn, ob ich gleich

---

[59] art of story-telling; ability to create a tale

damals noch sehr jung war, noch recht wohl denken, besonders weil ich einmal von meinem Vater wegen seiner[60] halbtot geprügelt wurde. Der kleine Muck nämlich war schon ein alter Geselle,[61] als ich ihn kannte; doch war er nur drei bis vier Schuh hoch, dabei hatte er eine sonderbare Gestalt, denn sein Leib, so klein und zierlich er war, mußte einen Kopf tragen, viel größer und dicker als der Kopf anderer Leute; er wohnte ganz allein in einem großen Haus und kochte sich sogar selbst; auch hätte man in der Stadt nicht gewußt, ob er lebe oder gestorben sei, denn er ging nur alle vier Wochen einmal aus, wenn nicht um die Mittagsstunde ein mächtiger Dampf aus dem Hause aufgestiegen wäre; doch sah man ihn oft abends auf seinem Dache auf und ab gehen, von der Straße aus glaubte man aber, nur sein großer Kopf allein laufe auf dem Dache umher. Ich und meine Kameraden waren böse Buben, die jedermann gerne neckten und belachten; daher war es uns allemal ein Festtag, wenn der kleine Muck ausging; wir versammelten uns an dem bestimmten Tage vor seinem Haus und warteten, bis er herauskam; wenn dann die Türe aufging und zuerst der große Kopf mit dem noch größeren Turban herausguckte, wenn dann das übrige Körperlein nachfolgte, angetan mit[62] einem abgeschabten Mäntelein, weiten Beinkleidern und einem breiten Gürtel, an welchem ein langer Dolch hing, so lang, daß man nicht wußte, ob Muck an dem Dolch oder der Dolch an Muck stak — wenn er so heraustrat, da ertönte die Luft von unserem Freudengeschrei, wir warfen unsere Mützen in die Höhe und tanzten wie toll um ihn her. Der kleine Muck aber grüßte uns mit ernsthaftem Kopfnicken[63] und ging mit langsamen Schritten die Straße hinab; dabei schlurfte er mit den Füßen, denn er hatte große, weite Pantoffeln an, wie ich sie noch nie gesehen. Wir Knaben liefen hinter ihm her und schrien immer: „Kleiner Muck, kleiner Muck!" Auch hatten wir ein lustiges Verslein, das wir ihm zu Ehren hie und da sangen; es hieß:

„Kleiner Muck, kleiner Muck,
Wohnst in einem großen Haus,
Gehst nur all vier Wochen aus,

---

[60] = *seinetwegen*: because of him (i.e., Muck)
[61] fellow
[62] dressed in
[63] nod of the head

Bist ein braver, kleiner Zwerg,
Hast ein Köpflein wie ein Berg;
Schau dich einmal um und guck,
Lauf und fang uns, kleiner Muck!"

So hatten wir schon oft unser Kurzweil getrieben,[64] und zu meiner Schande muß ich es gestehen, ich triebs am ärgsten; denn ich zupfte ihn oft am Mäntelein, und einmal trat ich ihm auch von hinten auf die großen Pantoffel, daß er hinfiel. Dies kam mir nun höchst lächerlich vor; aber das Lachen verging mir, als ich den kleinen Muck auf meines Vaters Haus zugehen sah. Er ging richtig hinein und blieb einige Zeit dort. Ich versteckte mich an der Haustüre und sah den Muck wieder herauskommen, von meinem Vater begleitet, der ihn ehrerbietig an der Hand hielt und an der Türe unter vielen Bücklingen[65] sich von ihm verabschiedete. Mir war gar nicht wohl zumut,[66] ich blieb daher lange in meinem Versteck; endlich aber trieb mich der Hunger, den ich ärger fürchtete als Schläge, heraus, und demütig und mit gesenktem Kopf trat ich vor meinen Vater. „Du hast, wie ich höre, den guten Muck geschimpft?" sprach er in sehr ernstem Tone. „Ich will dir die Geschichte dieses Muck erzählen, und du wirst ihn gewiß nicht mehr auslachen; vor- und nachher aber bekommst du das Gewöhnliche." Das Gewöhnliche aber waren fünfundzwanzig Hiebe, die er nur allzu richtig aufzuzählen pflegte. Er nahm daher sein langes Pfeifenrohr, schraubte die Bernsteinmundspitze[67] ab und bearbeitete mich ärger als je zuvor.

Als die fünfundzwanzig voll waren,[68] befahl er mir aufzumerken und erzählte mir von dem kleinen Muck.

Der Vater des kleinen Muck, der eigentlich Mukrah heißt, war ein angesehener, aber armer Mann hier in Nizäa. Er lebte beinahe so einsiedlerisch als jetzt sein Sohn. Diesen konnte er nicht wohl leiden, weil er sich seiner Zwerggestalt schämte, und ließ ihn daher auch in Unwissenheit aufwachsen. Der kleine Muck war noch in seinem sechzehnten Jahr ein lustiges Kind, und der Vater, ein ernster Mann, tadelte ihn immer, daß er, der schon

[64] had had our fun (at Muck's expense)
[65] bows
[66] I did not feel at ease at all
[67] amber mouthpiece
[68] were complete

längst die Kinderschuhe zertreten haben sollte,[69] noch so dumm und läppisch sei.

Der Alte tat aber einmal einen bösen Fall,[70] an welchem er auch starb, und den kleinen Muck arm und unwissend zurückließ. Die harten Verwandten, denen der Verstorbene mehr schuldig war, als er bezahlen konnte, jagten den armen Kleinen aus dem Hause und rieten ihm, in die Welt hinauszugehen und sein Glück zu suchen. Der kleine Muck antwortete, er sei schon reisefertig, bat sich aber nur noch den Anzug seines Vaters aus, und dieser wurde ihm auch bewilligt. Sein Vater war ein großer, starker Mann gewesen, daher paßten die Kleider nicht. Muck aber wußte bald Rat; er schnitt ab, was zu lang war, und zog dann die Kleider an. Er schien aber vergessen zu haben, daß er auch in der Weite davon schneiden müsse, daher sein sonderbarer Aufzug, wie er noch heute zu sehen ist; der große Turban, der breite Gürtel, die weiten Hosen, das blaue Mäntelein, alles dies sind Erbstücke seines Vaters, die er seitdem getragen; den langen Damaszenerdolch seines Vaters aber steckte er in den Gürtel, ergriff ein Stöcklein und wanderte zum Tor hinaus.

Fröhlich wanderte er den ganzen Tag, denn er war ja ausgezogen, um sein Glück zu suchen; wenn er einen Scherben auf der Erde im Sonnenschein glänzen sah, so steckte er ihn gewiß zu sich[71] im Glauben, daß er sich in den schönsten Diamant verwandeln werde; sah er in der Ferne die Kuppel einer Moschee wie Feuer strahlen, sah er einen See wie einen Spiegel blinken, so eilte er voll Freude darauf zu, denn er dachte, in einem Zauberland angekommen zu sein. Aber ach! jene Trugbilder verschwanden in der Nähe, und nur allzubald[72] erinnerte ihn seine Müdigkeit und sein vor Hunger knurrender Magen, daß er noch im Lande der Sterblichen sich befinde. So war er zwei Tage gereist unter Hunger und Kummer und verzweifelte, sein Glück zu finden; die Früchte des Feldes waren seine einzige Nahrung, die harte Erde sein Nachtlager. Am Morgen des dritten Tages erblickte er von einer Anhöhe eine große Stadt. Hell leuchtete der Halbmond auf ihren Zinnen, bunte Fahnen schimmerten auf den Dächern und

---

[69] ought to have outgrown his baby shoes
[70] took a bad fall
[71] never failed to put it in his pocket
[72] all too soon

schienen den kleinen Muck zu sich herzuwinken. Überrascht stand er stille und betrachtete Stadt und Gegend. „Ja, dort wird Klein-Muck sein Glück finden," sprach er zu sich und machte trotz seiner Müdigkeit einen Luftsprung, „dort oder nirgends." Er raffte alle seine Kräfte zusammen und schritt auf die Stadt zu. Aber obgleich sie ganz nahe schien, konnte er sie doch erst gegen Mittag erreichen; denn seine kleinen Glieder versagten ihm beinahe gänzlich ihren Dienst, und er mußte sich oft in den Schatten einer Palme setzen, um auszuruhen. Endlich war er an dem Tor der Stadt angelangt. Er legte sein Mäntelein zurecht, band den Turban schöner um, zog den Gürtel noch breiter an und steckte den langen Dolch schiefer; dann wischte er den Staub von den Schuhen, ergriff sein Stöcklein und ging mutig zum Tor hinein.

Er war schon einige Straßen durchwandert, aber nirgends öffnete sich eine Türe, nirgends rief man, wie er sich vorgestellt hatte: „Kleiner Muck, komm herein und iß und trink und laß deine Füßlein ausruhen!"

Er schaute gerade auch wieder recht sehnsüchtig an einem großen, schönen Haus hinauf; da öffnete sich ein Fenster, eine alte Frau schaute heraus und rief mit singender Stimme:

> „Herbei, herbei!
> Gekocht ist der Brei,
> Den Tisch ließ ich decken,
> Drum laßt es euch schmecken!
> Ihr Nachbarn, herbei,
> Gekocht ist der Brei."

Die Türe des Hauses öffnete sich, und Muck sah viele Hunde und Katzen hineingehen. Er stand einige Augenblicke in Zweifel, ob er der Einladung folgen solle; endlich aber faßte er sich ein Herz und ging in das Haus. Vor ihm her gingen ein paar junge Kätzlein, und er beschloß, ihnen zu folgen, weil sie vielleicht die Küche besser wüßten als er.

Als Muck die Treppe hinaufgestiegen war, begegnete er jener alten Frau, die zum Fenster herausgeschaut hatte. Sie sah ihn mürrisch an und fragte nach seinem Begehr. „Du hast ja jedermann zu deinem Brei eingeladen," antwortete der kleine Muck, „und weil ich so gar hungrig bin, bin ich auch gekommen." Die Alte lachte und sprach: „Woher kommst du denn, wunderlicher

Gesell? Die ganze Stadt weiß, daß ich für niemand koche als für meine lieben Katzen, und hie und da lade ich ihnen Gesellschaft aus der Nachbarschaft ein, wie du siehest." Der kleine Muck erzählte der alten Frau, wie es ihm nach seines Vaters Tod so hart ergangen sei, und bat sie, ihn heute mit ihren Katzen speisen zu lassen. Die Frau, welcher die treuherzige Erzählung des Kleinen wohl gefiel, erlaubte ihm, ihr Gast zu sein, und gab ihm reichlich zu essen und zu trinken. Als er gesättigt und gestärkt war, betrachtete ihn die Frau lange und sagte dann: „Kleiner Muck, bleibe bei mir in meinem Dienste! Du hast geringe Mühe und sollst gut gehalten sein." Der kleine Muck, dem der Katzenbrei geschmeckt hatte, willigte ein und wurde also der Bediente der Frau Ahavzi. Er hatte einen leichten, aber sonderbaren Dienst. Frau Ahavzi hatte nämlich zwei Kater und vier Katzen, diesen mußte der kleine Muck alle Morgen den Pelz kämmen und mit köstlichen Salben einreiben; wenn die Frau ausging, mußte er auf die Katzen Achtung geben; wenn sie aßen, mußte er ihnen die Schüsseln vorlegen, und nachts mußte er sie auf seidene Polster legen und sie mit samtenen Decken einhüllen. Auch waren noch einige kleine Hunde im Haus, die er bedienen mußte; doch wurden mit diesen nicht so viele Umstände[73] gemacht wie mit den Katzen, welche Frau Ahavzi wie ihre eigenen Kinder hielt. Übrigens führte Muck ein so einsames Leben wie in seines Vaters Haus; denn außer der Frau sah er den ganzen Tag nur Hunde und Katzen. Eine Zeitlang ging es dem kleinen Muck ganz gut; er hatte immer zu essen und wenig zu arbeiten, und die alte Frau schien recht zufrieden mit ihm zu sein; aber nach und nach wurden die Katzen unartig; wenn die Alte ausgegangen war, sprangen sie wie besessen in den Zimmern umher, warfen alles durcheinander und zerbrachen manches schöne Geschirr, das ihnen im Weg stand. Wenn sie aber die Frau die Treppe heraufkommen hörten, verkrochen sie sich auf ihre Polster und wedelten ihr mit den Schwänzen entgegen, wie wenn nichts geschehen wäre. Die Frau Ahavzi geriet dann in Zorn, wenn sie ihre Zimmer so verwüstet sah, und schob alles auf Muck; er mochte seine Unschuld beteuern, wie er wollte, sie glaubte ihren Katzen, die so unschuldig aussahen, mehr als ihrem Diener.

Der kleine Muck war sehr traurig, daß er also auch hier sein

[73] fuss

Glück nicht gefunden habe, und beschloß bei sich, den Dienst der Frau Ahavzi zu verlassen. Da er aber auf seiner ersten Reise erfahren hatte, wie schlecht man ohne Geld lebt, so beschloß er, den Lohn, den ihm seine Gebieterin immer versprochen, aber nie gegeben hatte, sich auf irgendeine Art zu verschaffen. Es befand sich in dem Hause der Frau Ahavzi ein Zimmer, das immer verschlossen war und dessen Inneres er nie gesehen hatte. Doch hatte er die Frau oft darin rumoren gehört, und er hätte oft für sein Leben gern gewußt,[74] was sie dort versteckt habe. Als er nun an sein Reisegeld dachte, fiel ihm ein, daß dort die Schätze der Frau versteckt sein könnten. Aber immer war die Türe fest verschlossen, und er konnte daher den Schätzen nie beikommen.

Eines Morgens, als die Frau Ahavzi ausgegangen war, zupfte ihn eines der Hündlein, welches von der Frau immer sehr stiefmütterlich behandelt wurde, dessen Gunst er sich aber durch allerlei Liebesdienste in hohem Grade erworben hatte, an seinen weiten Beinkleidern und gebärdete sich dabei, wie wenn Muck ihm folgen sollte. Muck, welcher gerne mit den Hunden spielte, folgte ihm, und siehe da, das Hündlein führte ihn in die Schlafkammer der Frau Ahavzi vor eine kleine Türe, die er nie zuvor dort bemerkt hatte. Die Türe war halb offen. Das Hündlein ging hinein, und Muck folgte ihm, und wie freudig war er überrascht, als er sah, daß er sich in dem Gemach befinde, das schon lange das Ziel seiner Wünsche war. Er spähte überall umher, ob er kein Geld finden könnte, fand aber nichts. Nur alte Kleider und wunderlich geformte Geschirre standen umher. Eines dieser Geschirre zog seine besondere Aufmerksamkeit auf sich. Es war von Kristall, und schöne Figuren waren darauf ausgeschnitten. Er hob es auf und drehte es nach allen Seiten. Aber, o Schrecken! Er hatte nicht bemerkt, daß es einen Deckel hatte, der nur leicht darauf hingesetzt war. Der Deckel fiel herab und zerbrach in tausend Stücken.

Lange stand der kleine Muck vor Schrecken leblos. Jetzt war sein Schicksal entschieden, jetzt mußte er entfliehen, sonst schlug ihn die Alte tot. Sogleich war auch seine Reise beschlossen, und nur noch einmal wollte er sich umschauen, ob er nichts von den Habseligkeiten der Frau Ahavzi zu seinem Marsch brauchen

---

[74] he would have given anything to know

könnte. Da fielen ihm ein paar mächtig große Pantoffeln ins Auge; sie waren zwar nicht schön; aber seine eigenen konnten keine Reise mehr mitmachen; auch zogen ihn jene wegen ihrer Größe an; denn hatte er diese am Fuß, so mußten ihm hoffentlich alle Leute ansehen, daß er die Kinderschuhe vertreten habe. Er zog also schnell seine Töffelein[75] aus und fuhr in die großen hinein. Ein Spazierstöcklein mit einem schön geschnittenen Löwenkopf schien ihm auch hier allzu müßig in der Ecke zu stehen; er nahm es also mit und eilte zum Zimmer hinaus. Schnell ging er jetzt auf seine Kammer, zog sein Mäntelein an, setzte den väterlichen Turban auf, steckte den Dolch in den Gürtel und lief, so schnell ihn seine Füße trugen, zum Haus und zur Stadt hinaus. Vor der Stadt lief er, aus Angst vor der Alten, immer weiter fort, bis er vor Müdigkeit beinahe nicht mehr konnte. So schnell war er in seinem ganzen Leben nicht gegangen; ja, es schien ihm, als könne er gar nicht aufhören zu rennen, denn eine unsichtbare Gewalt schien ihn fortzureißen. Endlich bemerkte er, daß es mit den Pantoffeln eine eigene Bewandtnis haben müsse,[76] denn diese schossen immer fort und führten ihn mit sich. Er versuchte auf allerlei Weise stillzustehen, aber es wollte nicht gelingen; da rief er in der höchsten Not, wie man den Pferden zuruft, sich selbst zu: „Oh — oh, halt, oh!" Da hielten die Pantoffeln, und Muck warf sich erschöpft auf die Erde nieder.

Die Pantoffeln freuten ihn ungemein. So hatte er sich denn doch durch seine Dienste etwas erworben, das ihm in der Welt auf seinem Weg, das Glück zu suchen, forthelfen konnte. Er schlief trotz seiner Freude vor Erschöpfung ein; denn das Körperlein des kleinen Muck, das einen so schweren Kopf zu tragen hatte, konnte nicht viel aushalten. Im Traum erschien ihm das Hündlein, welches ihm im Hause der Frau Ahavzi zu den Pantoffeln verholfen hatte, und sprach zu ihm: „Lieber Muck, du verstehst den Gebrauch der Pantoffeln noch nicht recht; wisse, daß wenn du dich in ihnen dreimal auf dem Absatz herumdrehst, so kannst du hinfliegen, wohin du nur willst; und mit dem Stöcklein kannst du Schätze finden, denn wo Gold vergraben ist, da wird es dreimal auf die Erde schlagen, bei Silber zweimal." So

---

[75] = *Pantöffelein*: little slippers
[76] that there must be something peculiar about the slippers

träumte der kleine Muck. Als er aber aufwachte, dachte er über den wunderbaren Traum nach und beschloß, alsbald einen Versuch zu machen. Er zog die Pantoffeln an, lupfte einen Fuß und begann sich auf dem Absatz umzudrehen. Wer es aber jemals versucht hat, in einem ungeheuer weiten Pantoffel dieses Kunststück dreimal hintereinander zu machen, der wird sich nicht wundern, wenn es dem kleinen Muck nicht gleich glückte, besonders wenn man bedenkt, daß ihn sein schwerer Kopf bald auf diese, bald auf jene Seite hinüberzog.

Der arme Kleine fiel einigemal tüchtig auf die Nase; doch ließ er sich nicht abschrecken, den Versuch zu wiederholen, und endlich glückte es. Wie ein Rad fuhr er auf seinem Absatz herum, wünschte sich in die nächste große Stadt, und — die Pantoffeln ruderten[77] hinauf in die Lüfte, liefen mit Windeseile durch die Wolken, und ehe sich der kleine Muck noch besinnen konnte, wie ihm geschah, befand er sich schon auf einem großen Marktplatz, wo viele Buden aufgeschlagen waren und unzählige Menschen geschäftig hin und her liefen. Er ging unter den Leuten hin und her, hielt es aber bald für ratsamer, sich in eine einsamere Straße zu begeben, denn auf dem Markt trat ihm bald da einer auf die Pantoffeln, daß er beinahe umfiel, bald stieß er mit seinem weithinausstehenden Dolch einen oder den andern an, daß er mit Mühe den Schlägen entging.

Der kleine Muck bedachte nun ernstlich, was er wohl anfangen könnte, um sich ein Stück Geld zu verdienen. Er hatte zwar ein Stäblein, das ihm verborgene Schätze anzeigte; aber wo sollte er gleich einen Platz finden, wo Gold oder Silber vergraben wäre? Auch hätte er sich zur Not[78] für Geld sehen lassen können; aber dazu war er doch zu stolz. Endlich fiel ihm die Schnelligkeit seiner Füße ein. Vielleicht, dachte er, können mir meine Pantoffeln Unterhalt gewähren, und er beschloß, sich als Schnelläufer zu verdingen. Da er aber hoffen durfte, daß der König dieser Stadt solche Dienste am besten bezahle, so erfragte er den Palast. Unter dem Tor des Palastes stand eine Wache, die ihn fragte, was er hier zu suchen habe. Auf seine Antwort, daß er einen Dienst suche, wies man ihn zum Aufseher der Sklaven.

[77] rowed; "soared"
[78] if worst came to worst

Diesem trug er sein Anliegen vor und bat ihn, ihm einen Dienst unter den königlichen Boten zu besorgen. Der Aufseher maß ihn mit seinen Augen von Kopf bis zu den Füßen und sprach: „Wie, mit deinen Füßlein, die kaum so lang als eine Spanne sind, willst du königlicher Schnelläufer werden? Hebe dich weg!⁷⁹ Ich bin nicht dazu da, mit jedem Narren Kurzweil zu machen." Der kleine Muck versicherte ihn aber, daß es ihm vollkommen Ernst sei mit seinem Antrag und daß er es mit dem Schnellsten auf eine Wette ankommen lassen wollte. Dem Aufseher kam die Sache gar lächerlich vor. Er befahl ihm, sich bis auf den Abend zu einem Wettlauf bereit zu halten, führte ihn in die Küche und sorgte dafür, daß ihm gehörig Speis und Trank gereicht wurde. Er selbst aber begab sich zum König und erzählte ihm vom kleinen Muck und seinem Anerbieten. Der König war ein lustiger Herr, daher gefiel es ihm wohl, daß der Aufseher der Sklaven den kleinen Menschen zu einem Spaß behalten habe. Er befahl ihm, auf einer großen Wiese hinter dem Schloß Anstalten zu treffen, daß das Wettlaufen mit Bequemlichkeit von seinem ganzen Hofstaat könnte gesehen werden, und empfahl ihm nochmals, große Sorgfalt für den Zwerg zu haben. Der König erzählte seinen Prinzen und Prinzessinnen, was sie diesen Abend für ein Schauspiel haben würden; diese erzählten es wieder ihren Dienern, und als der Abend herankam, war man in gespannter Erwartung, und alles, was Füße hatte, strömte hinaus auf die Wiese, wo Gerüste aufgeschlagen waren, um den großsprecherischen Zwerg laufen zu sehen.

Als der König und seine Söhne und Töchter auf dem Gerüst Platz genommen hatten, trat der kleine Muck heraus auf die Wiese und machte vor den hohen Herrschaften eine überaus zierliche Verbeugung. Ein allgemeines Freudengeschrei ertönte, als man den Kleinen ansichtig wurde; eine solche Figur hatte man dort noch nie gesehen. Das Körperlein mit dem mächtigen Kopf, das Mäntelein und die weiten Beinkleider, der lange Dolch in dem breiten Gürtel, die kleinen Füßlein in den weiten Pantoffeln — nein! es war zu drollig anzusehen, als daß man nicht hätte laut lachen sollen. Der kleine Muck ließ sich aber durch das Gelächter nicht irremachen. Er stellte sich stolz, auf sein Stöcklein gestützt,

⁷⁹ Be off!

hin und erwartete seinen Gegner. Der Aufseher der Sklaven hatte nach Mucks eigenem Wunsche den besten Läufer ausgesucht. Dieser trat nun heraus, stellte sich neben den Kleinen, und beide harrten auf das Zeichen. Da winkte die Prinzessin Amarza, wie es ausgemacht war, mit ihrem Schleier, und wie zwei Pfeile, auf dasselbe Ziel abgeschossen, flogen die beiden Wettläufer über die Wiese hin.

Von Anfang hatte Mucks Gegner einen bedeutenden Vorsprung, aber dieser jagte ihm auf seinem Pantoffelfuhrwerk nach, holte ihn ein, überfing[80] ihn und stand längst am Ziele, als jener noch, nach Luft schnappend, daherlief. Verwunderung und Staunen fesselte einige Augenblicke die Zuschauer; als aber der König zuerst in die Hände klatschte, da jauchzte die Menge, und alle riefen: „Hoch lebe der kleine Muck, der Sieger im Wettlauf!"

Man hatte indes den kleinen Muck herbeigebracht; er warf sich vor dem König nieder und sprach: „Großmächtigster König, ich habe dir hier nur eine kleine Probe meiner Kunst gegeben; wolle nur gestatten,[81] daß man mir eine Stelle unter deinen Läufern gebe!" Der König aber antwortete ihm: „Nein, du sollst mein Leibläufer[82] und immer um meine Person sein, lieber Muck, jährlich sollst du hundert Goldstücke erhalten als Lohn, und an der Tafel meiner ersten Diener sollst du speisen."

So glaubte denn Muck, endlich das Glück gefunden zu haben, das er so lange suchte, und war fröhlich und wohlgemut in seinem Herzen. Auch erfreute er sich der besonderen Gnade des Königes; denn dieser gebrauchte ihn zu seinen schnellsten und geheimsten Sendungen, die er dann mit der größten Genauigkeit und mit unbegreiflicher Schnelle besorgte.

Aber die übrigen Diener des Königes waren ihm gar nicht zugetan, weil sie sich ungern durch einen Zwerg, der nichts verstand als schnell zu laufen, in der Gunst ihres Herren zurückgesetzt sahen. Sie veranstalteten daher manche Verschwörung gegen ihn, um ihn zu stürzen; aber alle schlugen fehl an dem[83] großen Zutrauen, das der König in seinen Geheimen Oberleib-

---

[80] overtook
[81] be so kind as to permit
[82] personal courier
[83] because of
[84] Privy Courier-in-Chief

läufer[84] (denn zu dieser Würde hatte er es in so kurzer Zeit gebracht) setzte.

Muck, dem diese Bewegungen gegen ihn nicht entgingen, sann nicht auf Rache, dazu hatte er ein zu gutes Herz, nein, auf Mittel dachte er, sich bei seinen Feinden notwendig und beliebt zu machen. Da fiel ihm sein Stäblein, das er in seinem Glück außer acht gelassen hatte,[85] ein; wenn er Schätze finde, dachte er, werden ihm die Herren schon geneigter werden. Er hatte schon oft gehört, daß der Vater des jetzigen Königs viele seiner Schätze vergraben habe, als der Feind sein Land überfallen; man sagte auch, er sei darüber gestorben, ohne daß er sein Geheimnis habe seinem Sohn mitteilen können. Von nun an nahm Muck immer sein Stöcklein mit, in der Hoffnung, einmal an einem Ort vorüberzugehen, wo das Gold des alten Königs vergraben sei. Eines Abends führte ihn der Zufall in einen entlegenen Teil des Schloßgartens, den er wenig besuchte, und plötzlich fühlte er das Stäblein in seiner Hand zucken, und dreimal schlug es gegen den Boden. Nun wußte er schon, was dies zu bedeuten hatte. Er zog daher seinen Dolch heraus, machte Zeichen in die umstehenden Bäume und schlich sich wieder in das Schloß; dort verschaffte er sich einen Spaten und wartete die Nacht zu seinem Unternehmen ab.

Das Schatzgraben selbst machte übrigens dem kleinen Muck mehr zu schaffen,[86] als er geglaubt hatte.

Seine Arme waren gar schwach, sein Spaten aber groß und schwer; und er mochte wohl schon zwei Stunden gearbeitet haben, ehe er ein paar Fuß tief gegraben hatte. Endlich stieß er auf etwas Hartes, das wie Eisen klang. Er grub jetzt emsiger, und bald hatte er einen großen eisernen Deckel zutage gefördert; er stieg selbst in die Grube hinab, um nachzuspähen, was wohl der Deckel könnte bedeckt haben, und fand richtig einen großen Topf, mit Goldstücken angefüllt. Aber seine schwachen Kräfte reichten nicht hin, den Topf zu heben; daher steckte er in seine Beinkleider und seinen Gürtel, so viel er zu tragen vermochte, und auch sein Mäntelein füllte er damit, bedeckte das übrige wieder sorgfältig und lud es auf den Rücken. Aber wahrlich, wenn

[85] had forgotten
[86] was more work

er die Pantoffeln nicht an den Füßen gehabt hätte, er wäre nicht vom Fleck gekommen, so zog ihn die Last des Goldes nieder. Doch unbemerkt kam er bis auf sein Zimmer und verwahrte dort sein Gold unter den Polstern seines Sofas.

Als der kleine Muck sich im Besitz so vielen Goldes sah, glaubte er, das Blatt werde sich jetzt wenden,[87] und er werde sich unter seinen Feinden am Hofe viele Gönner und warme Anhänger erwerben. Aber schon daran konnte man erkennen, daß der gute Muck keine gar sorgfältige Erziehung genossen haben mußte, sonst hätte er sich wohl nicht einbilden können, durch Gold wahre Freunde zu gewinnen. Ach, daß er damals seine Pantoffeln geschmiert und sich mit seinem Mäntelein voll Gold aus dem Staub gemacht hätte![88]

Das Gold, das der kleine Muck von jetzt an mit vollen Händen austeilte, erweckte den Neid der übrigen Hofbedienten. Der Küchenmeister Ahuli sagte: „Er ist ein Falschmünzer." Der Sklavenaufseher Achmet sagte: „Er hats dem König abgeschwatzt." Archaz, der Schatzmeister aber, sein ärgster Feind, der selbst hie und da einen Griff in des Königs Kasse tun mochte, sagte geradezu: „Er hats gestohlen." Um nun ihrer Sache gewiß zu sein, verabredeten sie sich, und der Obermundschenk[89] Korchuz stellte sich eines Tages recht traurig und niedergeschlagen vor die Augen des Königs. Er machte seine traurigen Gebärden so auffallend, daß ihn der König fragte, was ihm fehle. „Ach," antwortete er, „ich bin traurig, daß ich die Gnade meines Herrn verloren habe." „Was fabelst du, Freund Korchuz?" entgegnete ihm der König. „Seit wann hätte ich die Sonne meiner Gnade nicht über dich leuchten lassen?" Der Obermundschenk antwortete ihm, daß er ja den Geheimen Oberleibläufer mit Gold belade, seinen armen, treuen Dienern aber nichts gebe.

Der König war sehr erstaunt über diese Nachricht, ließ sich die Goldausteilungen des kleinen Muck erzählen, und die Verschworenen brachten ihm leicht den Verdacht bei, daß Muck auf irgendeine Art das Geld aus der Schatzkammer gestohlen habe. Sehr lieb war diese Wendung der Sache dem Schatzmeister,

[87] things would take a turn for the better
[88] had made his escape; had flown the coop
[89] Cupbearer-in-Chief

der ohnehin nicht gerne Rechnung ablegte. Der König gab daher den Befehl, heimlich auf alle Schritte des kleinen Muck achtzugeben, um ihn womöglich auf der Tat zu ertappen. Als nun in der Nacht, die auf diesen Unglückstag folgte, der kleine Muck, da er durch seine Freigebigkeit seine Kasse sehr erschöpft sah, den Spaten nahm und in den Schloßgarten schlich, um dort von seinem geheimen Schatze neuen Vorrat zu holen, folgten ihm von weitem die Wachen, von dem Küchenmeister Ahuli und Archaz, dem Schatzmeister, angeführt, und in dem Augenblick, da er das Gold aus dem Topf in sein Mäntelein legen wollte, fielen sie über ihn her, banden ihn und führten ihn sogleich vor den König. Dieser, den ohnehin die Unterbrechung seines Schlafes mürrisch gemacht hatte, empfing seinen armen Geheimen Oberleibläufer sehr ungnädig und stellte sogleich das Verhör über ihn an. Man hatte den Topf vollends aus der Erde gegraben und mit dem Spaten und dem Mäntelein voll Gold vor die Füße des Königs gesetzt. Der Schatzmeister sagte aus, daß er mit seinen Wachen den Muck überrascht habe, wie er diesen Topf mit Gold gerade in die Erde gegraben habe.

Der König befragte hierauf den Angeklagten, ob es wahr sei und woher er das Gold, das er vergraben, bekommen habe?

Der kleine Muck, im Gefühl seiner Unschuld,[90] sagte aus, daß er diesen Topf im Garten entdeckt habe, daß er ihn habe nicht ein-, sondern ausgraben wollen.

Alle Anwesenden lachten laut über diese Entschuldigung; der König aber, aufs höchste erzürnt über die vermeintliche Frechheit des Kleinen, rief aus: „Wie, Elender! Du willst deinen König so dumm und schändlich belügen, nachdem du ihn bestohlen hast? Schatzmeister Archaz! Ich fordre dich auf, zu sagen, ob du diese Summe Goldes für die nämliche erkennst, die in meinem Schatze fehlt?"

Der Schatzmeister aber antwortete, er sei seiner Sache ganz gewiß, so viel und noch mehr fehle seit einiger Zeit in dem königlichen Schatz, und er könnte einen Eid darauf ablegen, daß dies das Gestohlene sei.

Da befahl der König, den kleinen Muck in enge Ketten zu

---

[90] certain of his innocence

legen und in den Turm zu führen; dem Schatzmeister aber übergab er das Gold, um es wieder in den Schatz zu tragen. Vergnügt über den glücklichen Ausgang der Sache zog dieser ab[91] und zählte zu Hause die blinkenden Goldstücke; aber das hat dieser schlechte Mann niemals angezeigt, daß unten in dem Topf ein Zettel lag, der sagte:

„Der Feind hat mein Land überschwemmt,[92] daher verberge ich hier einen Teil meiner Schätze; wer es auch finden mag, den treffe der Fluch seines Königs, wenn er es nicht sogleich meinem Sohne ausliefert! —   König Sadi."

Der kleine Muck stellte in seinem Kerker traurige Betrachtungen an; er wußte, daß auf Diebstahl an königlichen Sachen der Tod gesetzt war, und doch mochte er das Geheimnis mit dem Stäbchen dem König nicht verraten, weil er mit Recht fürchtete, dieses und seiner Pantoffeln beraubt zu werden. Seine Pantoffeln konnten ihm leider auch keine Hilfe bringen, denn da er in engen Ketten an die Mauer geschlossen war, konnte er, so sehr er sich quälte,[93] sich nicht auf dem Absatz umdrehen. Als ihm aber am andern Tage sein Tod angekündigt wurde, da gedachte er doch, es sei besser, ohne das Zauberstäbchen zu leben, als mit ihm zu sterben, ließ den König um geheimes Gehör bitten und entdeckte ihm das Geheimnis. Der König maß von Anfang seinem Geständnis keinen Glauben bei, aber der kleine Muck versprach eine Probe, wenn ihm der König zugestünde,[94] daß er nicht getötet werden solle. Der König gab ihm sein Wort darauf und ließ, von Muck ungesehen, einiges Gold in die Erde graben und befahl diesem, mit seinem Stäbchen zu suchen. In wenigen Augenblicken hatte er es gefunden; denn das Stäbchen schlug deutlich dreimal auf die Erde. Da merkte der König, daß ihn sein Schatzmeister betrogen hatte, und sandte ihm, wie es im Morgenland gebräuchlich ist, eine seidene Schnur, damit er sich selbst erdroßle. Zum kleinen Muck aber sprach er: „Ich habe dir zwar dein Leben versprochen; aber es scheint mir, als ob du nicht nur allein dieses Geheimnis mit dem Stäbchen besitzest; darum bleibst du in

---

[91] withdrew, departed
[92] overrun
[93] no matter how hard he tried
[94] would grant

ewiger Gefangenschaft, wenn du nicht gestehst, was für eine Bewandtnis es mit deinem Schnellaufen hat." Der kleine Muck, dem die einzige Nacht im Turm alle Lust zu längerer Gefangenschaft benommen hatte, bekannte, daß seine ganze Kunst in den Pantoffeln liege, doch lehrte er den König nicht das Geheimnis von dem dreimaligen Umdrehen auf dem Absatz. Der König schlüpfte selbst in die Pantoffel, um die Probe zu machen, und jagte wie unsinnig im Garten umher; oft wollte er anhalten; aber er wußte nicht, wie man die Pantoffeln zum Stehen brachte, und der kleine Muck, der diese kleine Rache sich nicht versagen konnte, ließ ihn laufen, bis er ohnmächtig niederfiel.

Als der König wieder zur Besinnung zurückgekehrt war, war er schrecklich aufgebracht über den kleinen Muck, der ihn so ganz außer Atem hatte laufen lassen. „Ich habe dir mein Wort gegeben, dir Freiheit und Leben zu schenken; aber innerhalb zwölf Stunden mußt du mein Land verlassen haben, sonst lasse ich dich aufknüpfen." Die Pantoffeln und das Stäbchen aber ließ er in seine Schatzkammer legen.

So arm als je wanderte der kleine Muck zum Land hinaus, seine Torheit verwünschend, die ihm vorgespiegelt hatte, er könne eine bedeutende Rolle am Hofe spielen. Das Land, aus dem er gejagt wurde, war zum Glück nicht groß; daher war er schon nach acht Stunden auf der Grenze, obgleich ihm das Gehen, da er an seine lieben Pantoffeln gewöhnt war, sehr sauer ankam.[95]

Als er über der Grenze war, verließ er die gewöhnliche Straße, um die dichteste Einöde der Wälder aufzusuchen und dort nur sich zu leben; denn er war allen Menschen gram. In einem dichten Walde traf er auf einen Platz, der ihm zu dem Entschluß, den er gefaßt hatte, ganz tauglich schien. Ein klarer Bach, von großen, schattigen Feigenbäumen umgeben, ein weicher Rasen luden ihn ein; hier warf er sich nieder mit dem Entschluß, keine Speise mehr zu sich zu nehmen, sondern hier den Tod zu erwarten. Über traurige Todesbetrachtungen schlief er ein; als er aber wieder aufwachte und der Hunger ihn zu quälen anfing, bedachte er doch, daß der Hungertod eine gefährliche Sache sei, und sah sich um, ob er nirgends etwas zu essen bekommen könnte.

[95] was very hard on him

Köstliche reife Feigen hingen an dem Baume, unter welchem er geschlafen hatte; er stieg hinauf, um sich einige zu pflücken, ließ es sich trefflich schmecken und ging dann hinunter an den Bach, um seinen Durst zu löschen. Aber wie groß war sein Schrecken, als ihn das Wasser seinen Kopf mit zwei gewaltigen Ohren und einer dicken, langen Nase geschmückt zeigte! Bestürzt griff er mit den Händen nach den Ohren, und wirklich, sie waren über eine halbe Elle lang.

„Ich verdiene Eselsohren!" rief er aus, „denn ich habe mein Glück wie ein Esel mit Füßen getreten." — Er wanderte nun unter den Bäumen umher, und als er wieder Hunger fühlte, mußte er noch einmal zu den Feigen seine Zuflucht nehmen, denn sonst fand er nichts Eßbares an den Bäumen. Als ihm über der zweiten Portion Feigen einfiel, ob wohl seine Ohren nicht unter seinem großen Turban Platz hätten, damit er doch nicht gar zu lächerlich aussehe, fühlte er, daß seine Ohren verschwunden seien. Er lief gleich an den Bach zurück, um sich davon zu überzeugen, und wirklich, es war so, seine Ohren hatten ihre vorige Gestalt, seine lange, unförmliche Nase war nicht mehr. Jetzt merkte er aber, wie dies gekommen war; von dem ersten Feigenbaum hatte er die lange Nase und Ohren bekommen, der zweite hatte ihn geheilt; freudig erkannte er, daß sein gütiges Geschick ihm noch einmal die Mittel in die Hand gebe, glücklich zu sein. Er pflückte daher von jedem Baum, so viel er tragen konnte, und ging in das Land zurück, das er vor kurzem verlassen hatte. Dort machte er sich in dem ersten Städtchen durch andere Kleider ganz unkenntlich und ging dann weiter auf die Stadt zu, die jener König bewohnte, und kam auch bald dort an.

Es war gerade zu einer Jahreszeit, wo reife Früchte noch ziemlich selten waren; der kleine Muck setzte sich daher unter das Tor des Palastes; denn ihm war von früherer Zeit her wohl bekannt, daß hier solche Seltenheiten von dem Küchenmeister für die königliche Tafel eingekauft wurden. Muck hatte noch nicht lange gesessen, als er den Küchenmeister über den Hof herüberschreiten sah. Er musterte die Waren der Verkäufer, die sich am Tor des Palastes eingefunden hatten; endlich fiel sein Blick auch auf Mucks Körbchen. „Ah, ein seltener Bissen," sagte er, „der Ihro Majestät gewiß behagen wird. Was willst du für den ganzen

Korb?" Der kleine Muck bestimmte einen mäßigen Preis, und sie waren bald des Handels einig. Der Küchenmeister übergab den Korb einem Sklaven und ging weiter; der kleine Muck aber machte sich einstweilen aus dem Staub, weil er befürchtete, wenn sich das Unglück an den Köpfen des Hofes zeige, möchte man ihn als Verkäufer aufsuchen und bestrafen.

Der König war über Tisch sehr heiter gestimmt und sagte seinem Küchenmeister ein Mal über das andere Lobsprüche wegen seiner guten Küche und der Sorgfalt, mit der er immer das Seltenste für ihn aussuche; der Küchenmeister aber, welcher wohl wußte, welchen Leckerbissen[96] er noch im Hintergrund habe, schmunzelte gar freundlich und ließ nur einzelne Worte fallen, als: „Es ist erst noch nicht aller Tage Abend"[97] oder „Ende gut, alles gut", so daß die Prinzessinnen sehr neugierig wurden, was er wohl noch bringen werde. Als er aber die schönen, einladenden Feigen aufsetzen ließ, da entfloh ein allgemeines Ah! dem Munde der Anwesenden. „Wie reif, wie appetitlich!" rief der König; „Küchenmeister, du bist ein ganzer Kerl und verdienst unsere ganz besondere Gnade!" Also sprechend, teilte der König, der mit solchen Leckerbissen sehr sparsam zu sein pflegte, mit eigener Hand die Feigen an seiner Tafel aus. Jeder Prinz und jede Prinzessin bekam zwei, die Hofdamen und die Wesire und Agas eine, die übrigen stellte er vor sich hin und begann mit großem Behagen sie zu verschlingen.

„Aber, lieber Gott, wie siehst du so wunderlich aus, Vater?" rief auf einmal die Prinzessin Amarza. Alle sahen den König erstaunt an; ungeheure Ohren hingen ihm am Kopf, eine lange Nase zog sich über sein Kinn herunter; auch sich selbst betrachteten sie untereinander mit Staunen und Schrecken; alle waren mehr oder minder mit dem sonderbaren Kopfputz geschmückt.

Man denke sich den Schrecken des Hofes! Man schickte sogleich nach allen Ärzten der Stadt; sie kamen haufenweise, verordneten Pillen und Mixturen, aber die Ohren und die Nasen blieben. Man operierte einen der Prinzen; aber die Ohren wuchsen nach.

Muck hatte die ganze Geschichte in seinem Versteck, wohin

---

[96] delicacy
[97] You have not yet seen the end of it

er sich zurückgezogen hatte, gehört und erkannte, daß es jetzt Zeit sei, zu handeln. Er hatte sich schon vorher von dem aus den Feigen gelösten Geld einen Anzug verschafft, der ihn als Gelehrten darstellen konnte; ein langer Bart aus Ziegenhaaren vollendete die Täuschung.[98] Mit einem Säckchen voll Feigen wanderte er in den Palast des Königs und bot als fremder Arzt seine Hilfe an. Man war von Anfang sehr ungläubig; als aber der kleine Muck eine Feige einem der Prinzen zu essen gab und Ohren und Nase dadurch in den alten Zustand zurückbrachte, da wollte alles von dem fremden Arzte geheilt sein. Aber der König nahm ihn schweigend bei der Hand und führte ihn in sein Gemach; dort schloß er eine Türe auf, die in die Schatzkammer führte, und winkte Muck, ihm zu folgen. „Hier sind meine Schätze," sprach der König, „wähle dir, was es auch sei, es soll dir gewährt warden, wenn du mich von diesem schmachvollen Übel befreist." Das war süße Musik in des kleinen Mucks Ohren; er hatte gleich beim Eintritt seine Pantoffeln auf dem Boden stehen sehen, gleich daneben lag auch sein Stäbchen. Er ging nun umher in dem Saal, wie wenn er die Schätze des Königs bewundern wollte; kaum aber war er an seine Pantoffeln gekommen, so schlüpfte er eilends hinein, ergriff sein Stäbchen, riß seinen falschen Bart herab und zeigte dem erstaunten König das wohlbekannte Gesicht seines verstoßenen Muck. „Treuloser König," sprach er, „der du treue Dienste mit Undank lohnst, nimm als wohlverdiente Strafe die Mißgestalt, die du trägst. Die Ohren laß ich dir zurück, damit sie dich täglich erinnern an den kleinen Muck." Als er so gesprochen hatte, drehte er sich schnell auf dem Absatz herum, wünschte sich weit hinweg, und ehe noch der König um Hilfe rufen konnte, war der kleine Muck entflohen. Seitdem lebt der Kleine hier in großem Wohlstand, aber einsam; denn er verachtet die Menschen. Er ist durch Erfahrung ein weiser Mann geworden, welcher, wenn auch sein Äußeres etwas Auffallendes haben mag, deine Bewunderung mehr als deinen Spott verdient.

    So erzählte mir mein Vater. Ich bezeugte ihm meine Reue über mein rohes Betragen gegen den guten kleinen Mann, und mein Vater schenkte[99] mir die andere Hälfte der Strafe, die er mir

[98] disguise
[99] remitted

zugedacht hatte. Ich erzählte meinen Kameraden die wunderbaren Schicksale des kleinen, und wir gewannen ihn so lieb,[100] daß ihn keiner mehr schimpfte. Im Gegenteil, wir ehrten ihn, solange er lebte, und haben uns vor ihm immer so tief als vor Kadi und Mufti gebückt. —

In Österreich hatte die Romantik eine köstliche Nachblüte.[101] Der Vermittler zwischen den schwäbischen und österreichischen Dichtern ist **Nikolaus Lenau,** der eine Zeitlang in Stuttgart eine zweite Heimat fand und mit den schwäbischen Dichtern aufs freundschaftlichste verbunden war. Sein vollständiger Name war Nikolaus Niembsch, Edler von Strehlenau.

Lenaus Leben war eine Kette tragischer Enttäuschungen. Diese und seine schwermütige Veranlagung führten schließlich den tragischen Ausklang herbei. Auch eine Reise nach Amerika (1832–1833), von dessen Naturschönheiten sich Lenau „eine wunderbare Wirkung" auf sein Gemüt versprach — er versuchte sich als Landwirt in Ohio niederzulassen — brachte dem Friedlosen keine Linderung. Des Dichters Leben endete, wie das Hölderlins, in geistiger Umnachtung.

Ist auch Lenaus Lyrik meist von Trauer erfüllt, so wirkt diese doch nicht bedrückend, weil der Dichter Trost zu finden scheint in der Natur, für die er so herrliche Bilder und Gleichnisse gefunden hat:[102]

Bitte

Weil' auf mir, du dunkles Auge,
Übe deine ganze Macht,
Ernste, milde, träumerische,
Unergründlich süße Nacht!

[100] came to like him so much
[101] The great Austrian dramatist Franz Grillparzer (1791–1872) has been dealt with in Dr. Robert Lohan's "Living German Literature," vol. II, p. 157 ff.
[102] Many of Lenau's poems have been set to music by the German composer Hugo Wolf.

Nimm mit deinem Zauberdunkel
Diese Welt von hinnen mir,
Daß du über meinem Leben
Einsam schwebest für und für.

Winternacht

Vor Kälte ist die Luft erstarrt,
Es kracht der Schnee von meinen Tritten,
Es dampft mein Hauch, es klirrt mein Bart;
Nur fort, nur immer fort geschritten!

Wie feierlich die Gegend schweigt!
Der Mond bescheint die alten Fichten,
Die, sehnsuchtsvoll zum Tod geneigt,
Den Zweig zurück zur Erde richten.

Frost! friere mir ins Herz hinein!
Tief in das heißbewegte, wilde!
Daß einmal Ruh mag drinnen sein,
Wie hier im nächtlichen Gefilde!

Der Postillon

Lieblich war die Maiennacht,
Silberwölklein flogen,
Ob[103] der holden Frühlingspracht
Freudig hingezogen.

Schlummernd lagen Wies und Hain,
Jeder Pfad verlassen;
Niemand als der Mondenschein
Wachte auf der Straßen.

Leise nur das Lüftchen sprach
Und es zog gelinder
Durch das stille Schlafgemach
All der Frühlingskinder.

---

[103] because of

Heimlich nur das Bächlein schlich,
Denn der Blüten Träume
Dufteten gar wonniglich
Durch die stillen Räume.

Rauher war mein Postillon,
Ließ die Geißel knallen,
Über Berg und Tal davon
Frisch sein Horn erschallen.

Und von flinken Rossen vier
Scholl[104] der Hufe Schlagen,
Die durchs blühende Revier
Trabten mit Behagen.

Wald und Flur im schnellen Zug
Kaum gegrüßt — gemieden;
Und vorbei, wie Traumesflug,
Schwand[105] der Dörfer Frieden.

Mitten in dem Maienglück
Lag ein Kirchhof innen,
Der den raschen Wanderblick
Hielt zu ernstem Sinnen.

Hingelehnt an Bergesrand
War die bleiche Mauer
Und das Kreuzbild Gottes stand
Hoch, in stummer Trauer.

Schwager[106] ritt auf seiner Bahn
Stiller jetzt und trüber;
Und die Rosse hielt er an,
Sah zum Kreuz hinüber:

„Halten muß hier Roß und Rad!
Mag's Euch nicht gefährden;
Drüben liegt mein Kamerad
In der kühlen Erden!

[104] resounded
[105] vanished
[106] the coachman

Ein gar herzlieber Gesell!
Herr, 's ist ewig schade!
Keiner blies das Horn so hell
Wie mein Kamerade!

Hier ich immer halten muß,
Dem dort unterm Rasen
Zum getreuen Brudergruß
Sein Leiblied[107] zu blasen!"

Und dem Kirchhof sandt' er zu
Frohe Wandersänge,
Daß es in die Grabesruh'
Seinem Bruder dränge.[108]

Und des Hornes heller Ton
Klang vom Berge wieder,
Ob der tote Postillon
Stimmt in seine Lieder. —

Weiter gings durch Feld und Hag
Mit verhängtem Zügel;
Lang mir noch im Ohre lag
Jener Klang vom Hügel.

Die drei Zigeuner

Drei Zigeuner fand ich einmal
Liegen an einer Weide,
Als mein Fuhrwerk mit müder Qual
Schlich durch sandige Heide.

Hielt der eine für sich allein
In den Händen die Fiedel,
Spielte, umglüht vom Abendschein,
Sich ein feuriges Liedel.

Hielt der zweite die Pfeif' im Mund,
Blickte nach seinem Rauche,
Froh, als ob er vom Erdenrund
Nichts zum Glücke mehr brauche.

[107] favorite song
[108] penetrate

Und der dritte behaglich schlief,
Und sein Zimbal am Baum hing,
Über die Saiten der Windhauch lief,
Über sein Herz ein Traum ging.

An den Kleidern trugen die drei
Löcher und bunte Flicken,
Aber sie boten trotzig frei
Spott den Erdengeschicken.[109]

Dreifach haben sie mir gezeigt,
Wenn das Leben uns nachtet,
Wie mans verraucht, verschläft, vergeigt
Und es dreimal verachtet.

Nach den Zigeunern lang noch schaun
Mußt ich im Weiterfahren,
Nach den Gesichtern dunkelbraun,
Den schwarzlockigen Haaren.

Schilflied

Auf dem Teich, dem regungslosen,
Weilt des Mondes holder Glanz,
Flechtend seine bleichen Rosen
In des Schilfes grünen Kranz.

Hirsche wandeln dort am Hügel,
Blicken in die Nacht empor;
Manchmal regt sich das Geflügel
Träumerisch im tiefen Rohr.

Weinend muß mein Blick sich senken;
Durch die tiefste Seele geht
Mir ein süßes Deingedenken[110]
Wie ein stilles Nachtgebet.

An die Entfernte

Diese Rose pflück' ich hier,
In der fremden Ferne;

---

[109] their fate on earth
[110] memory of you

Liebes Mädchen, dir, ach dir
Brächt' ich sie so gerne!

Doch bis ich zu dir mag ziehn
Viele weite Meilen,
Ist die Rose längst dahin,
Denn die Rosen eilen.

Nie soll weiter sich ins Land
Lieb' von Liebe wagen,
Als sich blühend in der Hand
Läßt die Rose tragen;

Oder als die Nachtigall
Halme bringt zum Neste,
Oder als ihr süßer Schall
Wandert mit dem Weste.

INDEX

Italics are used to identify titles of full-length works. Titles of shorter pieces are enclosed in quotation marks. First lines of poems are followed by an ellipse (...). All references are to pages. Footnotes are identified by the symbol 'n'. Page numbers in italics refer to selections, all others to editor's comments.

„Abend, Der" (Eichendorff) *119*
Adonis, see „Venus and Adonis"
„An die Entfernte" (Lenau) *183 f*
„An die Parzen" (Hölderlin) *24*
Ansichten von der Nachtseite der Naturwissenschaft (Schubert) 129 n
Ariosto, Ludovico (1474–1533) 137 n
Arndt, Ernst Moritz (1769–1860) 92 f
Arnim, Bettina von (1785–1859) 82
Arnim, Ludwig Achim von (1781–1831) 82 ff
Assignation, The (Poe) 129
Athenäum, Das 34
„Athenäums-Fragment 116" (F. Schlegel) *34 f*
Auf dem Teich... (Lenau) *183*
„Auf den Tod eines Kindes" (Uhland) *142*
Aufklärung 10, 40
Aus dem Leben eines Taugenichts (Eichendorff) *107*

Bacon, Francis (1561–1626) 29
Beethoven, Ludwig van (1770–1827) 12
Bei einem Wirte, wundermild... (Uhland) *141*
Berlin 98 ff
„Bertran de Born" (Uhland) *143* ff
Bettina, see Arnim, Bettina von
Bettlerin vom Pont des Arts, Die (Hauff) 160
„Bitte" (Lenau) *179 f*
blaue Blume, Die 60 f
Blonde Eckbert, Der (Tieck) *41* ff
Born, Bertrand de (12th and 13th c.) 143 ff
Börne, Ludwig (1786–1837) *21* ff.
Brahms, Johannes (1833–1897) 139 n
Brentano, Clemens Maria (1778–1842) 72 ff, 118 n

„Brief Theodor Körners an seinen Vater" *94 ff*
Brown, Charles Brockden (1771–1810) 129
Buonarroti, see Michelangelo

Calderon de la Barca, Pedro (1600–1681) 11, 33
Carlyle, Thomas (1795–1881) 13
Cervantes Saavedra, Miguel de (1547–1616) 11
Chamisso, Adelbert von (1781–1838) *98 ff*
Chronica eines fahrenden Schülers (Brentano) 78
Correggio, Antonio Allegri da (1494?–1534) 60

Dante Alighieri (1265–1321) 33
Das ist der Tag des Herrn... (Uhland) *142*
de la Motte-Fouqué, Friedrich Baron, see Fouqué
„Denk' es, o Seele" (Mörike) *147*
„Denkrede auf Jean Paul" (Börne) *21, 22 f*
Deutsche Sagen (Grimm) 87
Deutsche Wörterbuch, Das (Grimm) 87
Die linden Lüfte sind erwacht... (Uhland) *141 f*
Diese Rose pflück' ich hier... (Lenau) *183 f*
Doge und Dogaressa (Hoffmann) 129
Dollond, Peter (1730–1820) 101 n
Don Giovanni (Mozart) 149 n
Don Quixote (Cervantes) 29
Drama 11, 27
„Drei Zigeuner, Die" (Lenau) *182 f*
Drei Zigeuner fand ich einmal... (Lenau) *182 f*
Droben auf dem schroffen Steine... (Uhland) *143 ff*

Du kamst, du gingst . . . (Uhland) 142
Dürer, Albrecht (1471–1528) 57 ff
„Ehrengedächtnis unsers ehrwürdigen Ahnherrn Albrecht Dürers" (Wackenroder) 57 ff
Eichendorff, Joseph Freiherr van (1788–1857) 106 ff
„Einkehr" (Uhland) 141
Ein Tännlein grünet wo . . . (Mörike) 147
Elisabeth (= Queen Elizabeth: 1533–1603) 28, 31, 33
Elixiere des Teufels (Hoffmann) 129
Empedokles (Hölderlin) 24
Ende gut, alles gut (Shakespeare, *All's Well That Ends Well*) 31
Epos 34
„Er ist's" (Mörike) 145
„Erntelied" (Wunderhorn) 82
Es ist ein Schnitter . . . (Wunderhorn) 82
Es ist schon spät . . . (Eichendorff) 118 f
Es sang vor langen Jahren . . . (Brentano) 78 f
Essex, Robert Devereux, 2nd Earl of (1567–1601) 33
Es war, als hätt' der Himmel . . . (Eichendorff) 117
Euripides (B.C. 480–406) 9

Faust (Goethe) 78
Fichte, Johann Gottlieb (1762–1814) 10, 91
Figaros Hochzeit (Mozart) 156
Flegeljahre, Die (Jean Paul) 13 ff
Fortunatus 105
Fouqué, Friedrich Baron de la Motte- (1777–1843) 121 ff
Franz II. (1768–1835) 91
Friedrich II. (1194–1250) 37
Friedrich Wilhelm IV. (1795–1861) 92
Frühling läßt sein blaues Band . . . (Mörike) 145
„Frühlingsglaube" (Uhland) 141 f
„Frühlingsschrei eines Knechtes aus der Tiefe" (Brentano) 79 ff
Früh, wann die Hähne krähn . . . (Mörike) 145 f

„Gebet" (Mörike) 146 f
„Gebet während der Schlacht" (Körner) 96 f

Geist der Zeit (Arndt) 92
Geistliche Lieder (Novalis) 65 ff
Gelassen stieg die Nacht . . . (Mörike) 148
Geschichte der alten und neuen Literatur, Die (Schlegel) 33
Geschichte vom braven Kasperl und der schönen Annerl, Die (Brentano) 72 ff
Geschichte von dem kleinen Muck, Die (Hauff) 160 ff
Geschichte von der schönen Lau, Die (Mörike) 148
Gleiches mit Gleichem (Shakespeare, *Measure for Measure*) 31
Goethe, Johann Wolfgang von (1749–1832) 10 f, 78, 82
Goethes Briefwechsel mit einem Kinde (Bettina von Arnim) 82
„Greisenlied" (Eichendorff) 120
„Gretchens Lied am Spinnrade" (Goethe) 78
Grillparzer, Franz (1791–1872) 179 n
Grimm, Jakob (1785–1863) 87 ff
Grimm, Wilhelm (1786–1859) 87 ff
Grundzüge der gotischen Baukunst (F. Schlegel) 35 ff
„Gute Kamerad, Der" (Uhland) 139 f

„Hälfte des Lebens" (Hölderlin) 25 f
Hamlet (Shakespeare) 9, 28, 30
Hardenberg, Friedrich von (1772–1801) 11, 63 ff
Hauff, Wilhelm (1802–1827) 160 ff
Hawthorne, Nathaniel (1804–1864) 129
Heidelberg 72 ff
Heine, Heinrich (1797–1856) 118 n
Heinrich von Ofterdingen (Novalis) 68 ff
Henry II (1133–1189) 143 n
Herbei, herbei . . . (Hauff) 164
Herr, schicke, was du willt . . . (Mörike) 146 f
Herzensergießungen eines kunstliebenden Klosterbruders (Wackenroder) 57 ff
Hinunter in der Erde Schoß . . . (Novalis) 63 f
Hoffmann, Ernst Theodor Amadeus (1776–1822) 128 ff
Hoffmanns Erzählungen (Offenbach) 129
Hölderlin, Friedrich (1770–1843) 13, 23 ff, 79

Index

House of Usher (Poe) 129
Humboldt, Alexander von (1769–1859) 95 n
Humboldt, Wilhelm von (1767–1835) 95
Humor 13, 14 n, 34
Hymnen an die Nacht (Novalis) 63 ff
Hyperion oder der Eremit in Griechenland (Hölderlin) 24
„Hyperions Schicksalslied" (Hölderlin) 24 f

Ich bin vom Berg der Hirtenknab'... (Uhland) 140 f
Ich hatt einen Kameraden... (Uhland) 139 f
Ich sehe dich in tausend Bildern... (Novalis) 67 f
Ich stehe in Waldesschatten... (Eichendorff) 119
Idylle vom Bodensee (Mörike) 145
Ihr wandelt droben im Licht... (Hölderlin) 24 f
Im Nebel ruhet noch die Welt... (Mörike) 147
„Im Walde" (Eichendorff) 117 f
In einem kühlen Grunde... (Eichendorff) 116
Isabella von Ägypten (Arnim) 83

Jakob I. (= King James I: 1566–1625) 28, 33
Jena 27 ff
Jonson, Ben (1573?–1637) 28
Jud Süß (Hauff) 160

Karl V. (1500–1558) 83
Kater Murr (Hoffmann) 129
Katholizismus 1, 78
Kinder- und Hausmärchen (Grimm) 87 ff
Klassik 10 f, 27
Kleiner Muck (Hauff) 161 f
Kleist, Heinrich von (1777–1811) 92
Klopstock, Friedrich Gottlieb (1724–1803) 24
„Knaben Berglied, Des" (Uhland) 140 f
Knaben Wunderhorn, Des 82 f, 87, 115
Köln 35 ff
Komm, Trost der Welt... (Eichendorff) 120

Körner, Christian Gottfried (1756–1831) 94 n
Körner, Theodor (1791–1813) 93 ff
Kotzebue, August von (1761–1819) 40
Kraft, Adam (1440?–1507) 58
Kronenwächter, Die (Arnim) 83
Kühn, Sophie von (1782–1797) 63
Kunstlied 12

Laß, o Welt... (Mörike) 146
Leben des vergnügten Schulmeisterlein Maria Wuz (Jean Paul) 13
Leier und Schwert (Körner) 96 f
Lenau, Nikolaus (1802–1850) 179 ff
Lichtenstein (Hauff) 160
Liebe denkt in süßen Tönen... (Tieck) 40
„Liebe zum Vaterland, Die" (Arndt) 93
Lieblich war die Maiennacht... (Lenau) 180 ff
Lives of the Most Outstanding Painters, Sculptors, and Architects (Vasari) 62 n
„Lorelei" (Eichendorff) 118 f
Lucretia, see „The Rape of Lucrece"
Lützow, Baron Ludwig Adolf Wilhelm von (1782–1834) 94, 107
Lyrik 11

Magnetiseur, Der (Hoffmann) 129
Majorat, Das (Hoffmann) 129
Maler Nolten (Mörike) 148
Märchen 11, 41, 87, 148, 160
„Maria" (Novalis) 67 f
Meister, ohne dein Erbarmen... (Brentano) 79 ff
Meistersinger von Nürnberg, Die (Wagner) 57 n
Mendelssohn-Bartholdy, Felix (1809–1847) 12
Michelangelo Buonarroti (1475–1564) 60
Mignon 10
Milton, John (1608–1674) 28
Mit gelben Birnen hänget... (Hölderlin) 25 f
Mittelalter 9
Mondbeglänzte Zaubernacht... (Tieck) 11, 40
„Mondnacht" (Eichendorff) 117
„Morgengebet" (Eichendorff) 120 f
Mörike, Eduard (1804–1875) 145 ff

Motte-Fouqué, Friedrich Baron de la, *see* Fouqué
Mozart auf der Reise nach Prag (Mörike) *148 ff*
Mozart, Wolfgang Amadeus (1756–1791) 148 ff
Munter, munter . . . (Brentano) 77

„Nachts" (Eichendorff) *119*
Napoleon Bonaparte (1769–1821) 91
„Neujahrsnacht eines Unglücklichen, Die" (Jean Paul) *19 ff*
Nibelungenlied 9
Niembsch, Nikolaus, *see* Lenau
Novelle 11
Nur einen Sommer gönnt . . . (Hölderlin) *24*
Nürnberg 57 ff

Oden 24
Offenbach, Jacques (1819–1880) 129
Orlando Furioso (Ariosto) 137 n
O Täler weit, o Höhen . . . (Eichendorff) *117 f*
Otto der Große (912–973) 36
O wunderbares, tiefes Schweigen . . . (Eichendorff) *120 f*

Paul, Jean (1763–1825) *13 ff*
Peter Schlemihls wundersame Geschichte (Chamisso) *98 ff*
Phantasien im Bremer Ratskeller (Hauff) 160
Pirckheimer, Willibald (1470–1530) 58
Poe, Edgar Allan (1809–1849) 129
„Postillon, Der" (Lenau) *180 ff*

Raffael, *see* Raphael
„Rape of Lucrece, The" (Shakespeare) 33
Raphael Santi (1483–1520) 57 ff
Rat Krespel (Hoffmann) *129 ff*
Reden an die deutsche Nation (Fichte) 91
Richter, Jean Paul, *see* Paul, Jean
Richter, Ludwig (1803–1884) 12
Roman 9
romanice 9
Romantik 9 f, 27
Rosen die Blumen auf meinem Hut . . . (Brentano) 77
Rückert, Friedrich (1788–1866) *137 f*

Sachs, Hans (1494–1576) 57 f
Sängerkrieg auf der Wartburg 68

„Schäfers Sonntagslied" (Uhland) *142*
„Schilflied" (Lenau) *183*
Schiller, Johann Christoph Friedrich von (1759–1805) 11, 63, 94 n
Schlegel, August Wilhelm von (1767–1845) *27 ff*
Schlegel, Friedrich von (1772–1829) *33 ff*, 65
Schubert, Franz (1797–1828) 12, 139 n
Schubert, Gotthilf Heinrich von (1780–1860) 129 n
Schumann, Robert (1810–1856) 12, 139 n
Schweigt der Menschen laute Lust . . . (Eichendorff) *119*
Schwind, Moritz von (1804–1871) 12
„Sehnsucht nach dem Tode" (Novalis) *63 f*
„Seligkeit in Jesu" (Novalis) *65 f*
„Septembermorgen" (Mörike) *147*
Serapionsbrüder, Die (Hoffmann) 129
Shakespeare, William (1564–1616) 11, 27 ff
Snorri Sturluson (1179–1241) 36
Soult, Nicolas Jean de Dieu (1769–1851) 92 n
Southampton, Henry Wriothesley, 3rd Earl of (1573–1624) 33
„Spinnerin Lied, Der" (Brentano) 78
Spitzweg, Karl (1808–1885) 12
Stein, Heinrich Friedrich Karl vom und zum (1757–1831) 91
Strehlenau, Nikolaus Niembsch, Edler von, *see* Lenau
Sturm und Drang 10 f
Stuttgarter Hutzelmännlein, Das (Mörike) 148

Tale of the Ragged Mountain, The (Poe) 129
Tales of the Folio Club (Poe) 129
Tannhäuser (Wagner) 68 n
„Testaments-Eröffnung, Die" (Jean Paul) *13 ff*
Thomas von Aquino (1225?–1274?) 36
Tieck, Johann Ludwig (1773–1853) 11, 33, *40 ff*

Übersetzung 33
Uhland, Johann Ludwig (1787–1862) *139 ff*
„Um Mitternacht" (Mörike) *148*
Undine (de la Motte-Fouqué) *121 ff*

Index

Vasari, Giorgio (1511–1574) 62
Vater, ich rufe dich... (Körner) *96 f*
„Venus and Adonis" (Shakespeare) 33
„Verborgenheit" (Mörike) *146*
„Verlassene Mägdlein, Das" (Mörike) *145 f*
Veronese, Paolo (1528–1588) 60
Voltaire, François Marie Arouet de (1694–1778) 28
„Vom klugen Schneiderlein" (Grimm) *87 ff*
Vor Kälte ist die Luft erstarrt... (Lenau) *180*
Vorlesungen über dramatische Kunst und Literatur (A. W. Schlegel) *27 ff*

Wackenroder, Wilhelm Heinrich (1773–1798) *57 ff*
Wagner, Richard (1813–1883) 57 n, 68 n
Waldeinsamkeit... (Tieck) *47, 52, 56*
Warum ruf ich?... (Arndt) *93*
Was blasen die Trompeten?... (Arndt) *92*
Was ist des Deutschen Vaterland?... (Arndt) *93*
Weber, Carl Maria von (1786–1826) 12

Weil' auf mir... (Lenau) *179 f*
Weisheit des Brahmanen, Die (Rückert) *138*
Wem Gott will rechte Gunst erweisen... (Eichendorff) *108*
Wenn alle untreu werden... (Novalis) *66 f*
Wenn ich ein Vöglein wär... (Wunderhorn) *82 f*
Wenn ich ihn nur habe... (Novalis) *65 f*
Wenn ihr ihn riecht... (Arnim) *86*
Wilhelm Meisters Lehrjahre (Goethe) 10
William Wilson (Poe) 129
Winckelmann, Johann Joachim (1717–1768) 11 n
„Winternacht" (Lenau) *180*
Wohin ich geh und schaue... (Eichendorff) *111, 115*
Wolf, Hugo (1860–1903) 179 n

„Zeit, Die" (Jean Paul) *21*
„Zerbrochene Postkutsche, Die" (Arnim) *83 ff*
„Zerbrochene Ringlein, Das" (Eichendorff) *116 f*
Zriny (Körner) *93*